SEGELN LERNEN-KINDER-LEICHT!

TITEL DER HOLLÄNDISCHEN ORIGINALAUSGABE: ONDER ZEIL!
INS DEUTSCHE ÜBERTRAGEN VON ERWIN PETERS

GESAMTHERSTELLUNG: CLAUSEN & BOSSE · LECK

PRINTED IN GERMANY · ISBN 3-924896-34-8

SEGELSCHULE

von Jan Dirk van Exter
und Gé Tol

URBES VERLAG

INHALT:

ES WAR EINMAL...
.. EIN ZWILLINGSPAAR... UND DAS MUSSTE SCHUL-ARBEITEN MACHEN...
UND WENN DAS EIN BUCH ÜBER SEGELN WIRD, FRESS ICH 'N BESEN
BISSCHEN GEDULD, KINDER!
JAN
ANTJE
HUND

BUMMS
VATER
KAFFEE!
SCHÜTZT DIE NATUR!
POP TOP
UND NUN PASST AUF, WIE KLEINIGKEITEN GESCHICHTE MACHEN!

ALSO JETZT! WO SIND DENN DIE TAUGENICHTSE ABGE...?
NA?
HE!
IHR SOLLTET DOCH EURE SCHULARBEITEN MACHEN...
AUS DER TRAUM..
← EIS
WIR.. ÄÄH.. HATTEN MAL BISSCHEN PAUSE GEMACHT, VATI
UND AUS ALL DEN KLEINEN PAUSEN WIRD DANN IMMER GLEICH EINE RIESENGROSSE...

JETZT KOMMT GLEICH WIEDER: „ALS ICH IN EUERM ALTER...
ALS ICH IN EUERM ALTER WAR.....
TAKTIK B
ICH HAB'S NICHT SO GUT GEHABT... ... MUSSTE IMMER SCHWER ARBEITEN... KEINEN PFENNIG GELD... TROTZDEM SPASS GEHABT... SELBSTGEBAUTES BOOT...
JETZT!
DU HAST RECHT, VATI!
WAS?

GENAU DARAN HABEN WIR AUCH SCHON GEDACHT!
NICHT MÖGLICH.
DAS RECHTE WORT ZUR RECHTEN ZEIT... JETZT AUFGEPASST ...
DO IT YOURSELF! IN DIE HÄNDE GESPUCKT! DAS MUSS DIE JUGEND VON HEUTE... ... ICH MEINE, WIR...
ICH GLAUB', DIE SPINNT...
JAN UND ICH, WIR WOLLEN UNS EIN SEGELBOOT BAUEN! VOM TASCHENGELD KAUFEN WIR EINEN BAUPLAN... UND HOLZ NATÜRLICH.. UND 'NE SÄGE... UND GEBAUT WIRD'S HIER!
NEIN! DAS FEHLT MIR GERADE NOCH..

WIR KRIEGTEN DIE IDEE, ALS UNSER NACHBAR ERZÄHLTE, DASS ER EIN SEGELBOOT FÜR SEINE TOCHTER GEKAUFT HAT
KAUFEN IST KEINE KUNST.., SELBER MACHEN... DAS IST DAS EINZIG WAHRE.
UND BILLIGER NATÜRLICH AUCH!
DER WIRD MAL RECHTSANWALT!
WASSERSPORT STÄHLT KÖRPER UND GEIST!
DEN HABEN 'SE SCHON RUMGEKRIEGT ...
IN VIER MONATEN IST ES FERTIG!
SEUFZ... EIN JAHR LANG DAS HAUS VOLL SÄGESPÄNE... MIT HAMMERSCHLÄGEN LEBEN... BLAUE DAUMEN...
TJA... ICH MUSS SAGEN, IHR GEFALLT MIR... ABER LASST MICH MAL DARÜBER NACHDENKEN...
N'TÜRLICH VATI!
WAS MEIN NACHBAR KANN, KANN ICH AUCH... EIN SEGELBOOT... SIND SIE AUFEINANDER ANGEWIESEN.. VIELLEICHT SCHLUSS MIT DEM EWIGEN ZANK...
VATER DENKT

EINE WOCHE SPÄTER
SCHÖNES BOOT, DARAN WERDEN IHRE KINDER FREUDE HABEN.
O.K. DANN... ICH SCHICKE SIE MORGEN FRÜH HER... UND SIE SEHEN NOCHMAL NACH DEN SEGELN...
UND SO KAM ES DANN...

AM NÄCHSTEN MORGEN...
ICH BIN JAN
DANN BIST DU ANKE! ICH BIN HEIN, DER HAFENMEISTER HIER!
ENDLICH GEHT'S LOS! JIPPY!

DAS IST ES
PRIMA!
WAS HABEN DIE FÜR'N GLÜCK!

IST DAS JETZT DER ...ÄÄH...DINGSBUMS?
ALSO... DAS NENNEN WIR...
WAS FÜR NAMEN
KLAMPE
KLAMPE
WANTEN-SPANNER
FOCKSCHOT-LEITÖSE
SCHWERT-KASTEN
SCHÄKEL-BOLZEN
BLOCK-SCHEIBE
IM ANFANG WERDEN SIE WOHL 'N BISSCHEN DURCHEINANDER-KOMMEN, ABER DARAN GEWÖHNEN SIE SICH!
DIESE GESCHICHTE SPIELT IM MÄRCHENLAND... DA GIBT'S NOCH KLARES WASSER...

FAHRT-VORBEREITUNG

EINFACH INS SEGELBOOT EINSTEIGEN UND SCHON WEGSEIN, ALSO SO GEHT'S NICHT.
EIN SEGELBOOT WIRD DURCH DEN WIND VORANGETRIEBEN, UND ALLES, WAS DAZU BENÖTIGT WIRD, HEISST "TAKELAGE":
MAST... SEGEL... TAUWERK...
DIE TAMPEN HABEN NAMEN. MIT "FALLEN" WERDEN DIE SEGEL GEHEISST ODER GESETZT UND MIT "SCHOTEN" WERDEN SIE BEDIENT.
GESTEUERT WIRD MIT DER RUDERPINNE. DIE FUNKTIONIERT GENAUSO WIE DAS VORDERRAD EINES FAHRRADES, DAS RÜCKWÄRTS FÄHRT. MIT DEM SEGELBOOT KANN MAN FAST IN JEDE RICHTUNG FAHREN, SOGAR LEICHT GEGEN DEN WIND...
DIE SEGEL SETZEN UND DAS BOOT KLARMACHEN... DARUM GEHT ES IN DIESEM KAPITEL....

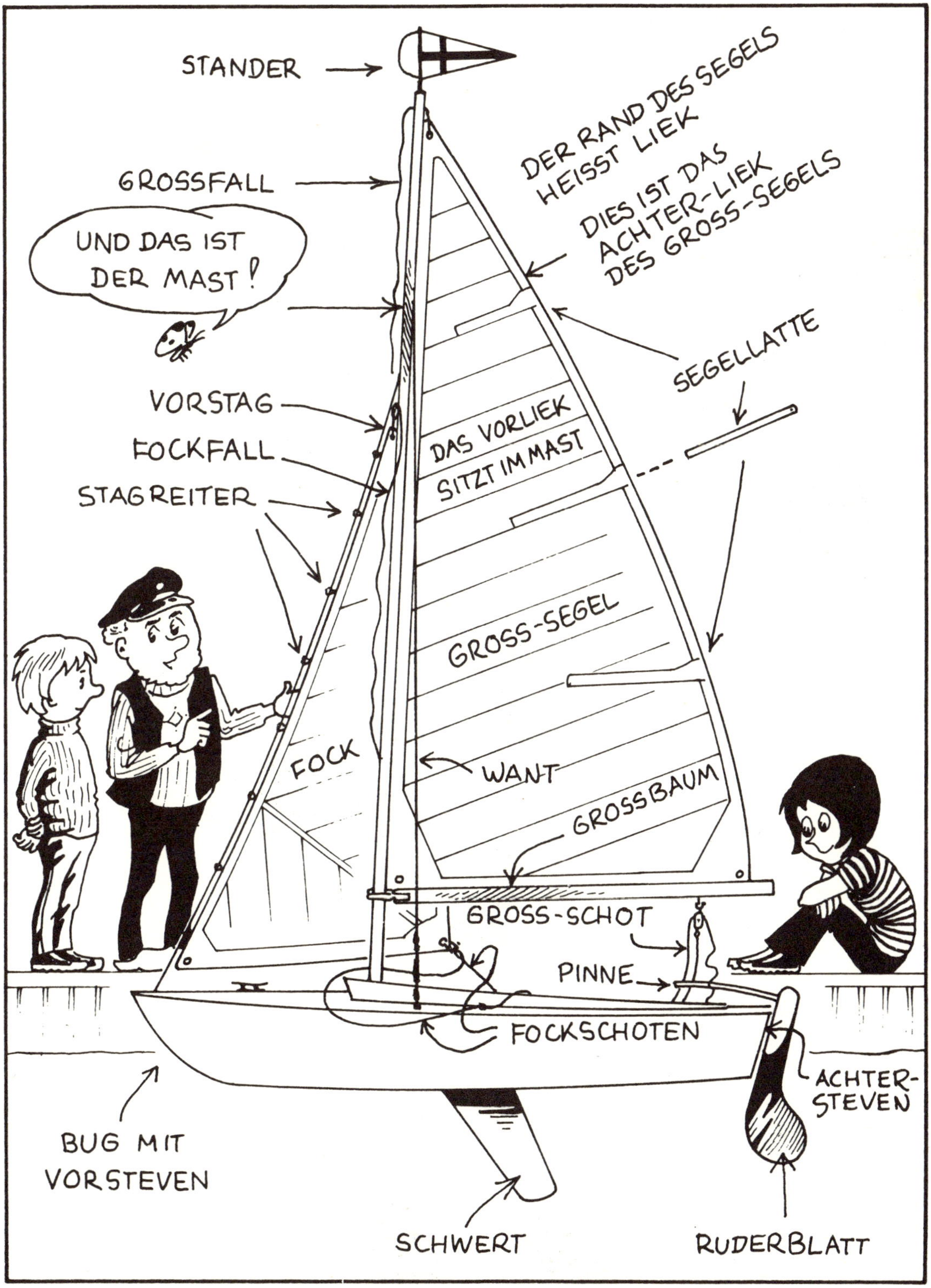
STANDER
DER RAND DES SEGELS HEISST LIEK
GROSSFALL
DIES IST DAS ACHTER-LIEK DES GROSS-SEGELS
UND DAS IST DER MAST!
SEGELLATTE
VORSTAG
FOCKFALL
DAS VORLIEK SITZT IM MAST
STAGREITER
GROSS-SEGEL
FOCK
WANT
GROSSBAUM
GROSS-SCHOT
PINNE
FOCKSCHOTEN
ACHTER-STEVEN
BUG MIT VORSTEVEN
SCHWERT
RUDERBLATT

HIER HABEN WIR DIE SEGEL, KINDER! ERST DAS GROSS-SEGEL... FASST AN! DAS IST DAS UNTERLIEK... DAS SIEHT MAN GLEICH; ES IST DAS KÜRZESTE VON DEN DREIEN... DAS SCHIEBEN WIR VON HINTEN NACH VORN IN DEN HOHLEN GROSSBAUM
ACHTER-LIEK
VOR-LIEK
UNTERLIEK

WENN ANTJE DEN HALS DA FEST HAT, KANNST DU DAS SCHOTHORN NACH ACHTERN HOLEN, JAN!
TYPISCHE FRAUENARBEIT
KOPF
SCHOT-HORN
HALS

STRAFF GENUG, JAN! MACH FEST SO!
JETZT KANN DAS VORLIEK IN DIE NUT DES MASTES GEZOGEN WERDEN... MIT DEM GROSSFALL... MACH DAS FALL AM KOPF FEST
DIESES?
GENAU!
DER KOPF IST FEST AM... ÄÄH... TAU... NEE FALL...
HOL' DAS FALL LANGSAM NACH UNTEN... DAS SEGEL GEHT HOCH... GENAU SO... JETZT FÜHRST DU DAS DICKE VORLIEK IN DIE NUT AM MAST... HOL WEG!

GUT DURCH DAS FALL..
SO JA ... UND
JETZT AN DER KLAMPE
BELEGEN
KLAMPE

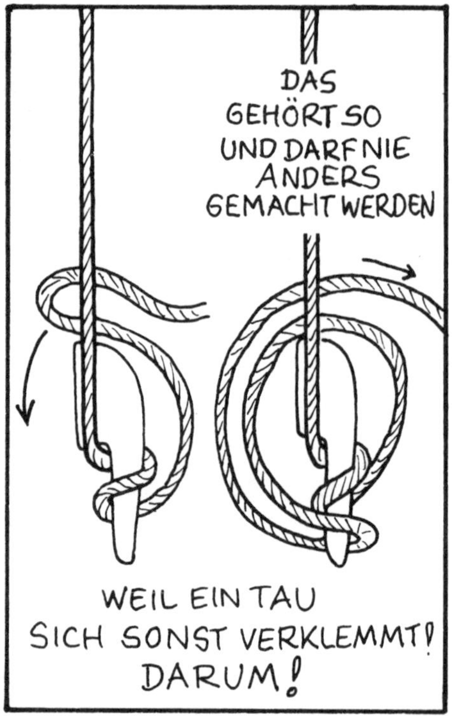
DAS
GEHÖRT SO
UND DARF NIE
ANDERS
GEMACHT WERDEN
WEIL EIN TAU
SICH SONST VERKLEMMT!
DARUM!

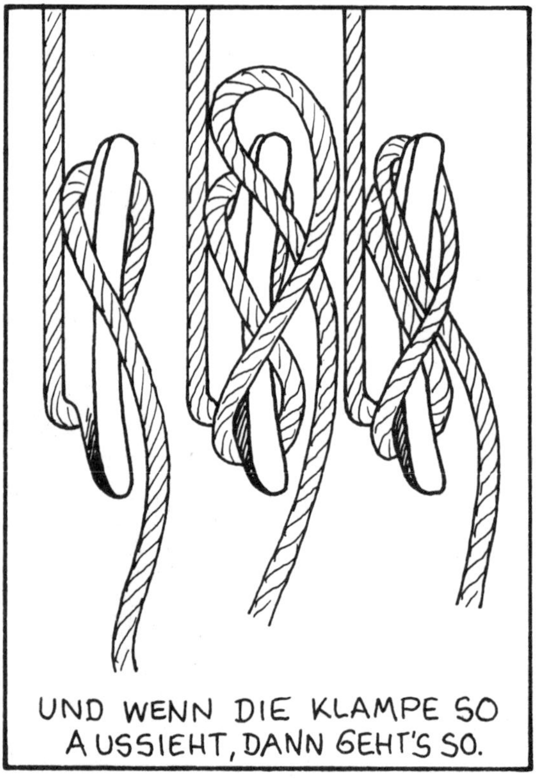
UND WENN DIE KLAMPE SO
AUSSIEHT, DANN GEHT'S SO.

JETZT DIE FOCK... SUCH DAS
UNTERLIEK ... DAS KÜRZESTE
... UND DAVON DIE VORKANTE...,
JA... WO DIE STAGREITER
SITZEN... ERST UNTEN
DEN SCHÄKEL FEST...
UUUUI!
PLUMPS

WAS WAR DAS, JAN?
DER BOLZEN
REINGEPLUMPST... NAJA... DA UNTEN WERDEN SCHON EIN PAAR HUNDERT LIEGEN... ICH HAB IMMER EIN PAAR IN DER TASCHE... HIER ... EIN ANDERER
SCHÄKEL-BOLZEN- WEISST DU NOCH?
GUTER ANFANG IST HALBE ARBEIT....
FOCKFALL FESTMACHEN UND HEISSEN ... HOP HOP!
GUT, HEIN?
AUSGE-ZEICHNET
DAS FESTMACHEN DER FALLEN AN EINER KLAMPE HEISST „BELEGEN"

KLAR ZUM ABLEGEN!
DENKSTE! DIE SCHOTEN NOCH, DU DUMMERCHEN!

KOMISCH... WART MAL...
DIE FOCK HAT ZWEI, FÜR JEDE SEITE EINE...

DIE SCHOTEN WERDEN NIE FESTGEMACHT! SIE WERDEN IN DER HAND GEHALTEN!
LINKS HEISST BACKBORD, RECHTS HEISST STEUERBORD.

JETZT WISSEN WIR, WIE AUFGETAKELT WIRD, JAN! SEGEL GESETZT... UND DANN AB!
JA, ABER WOHIN? HEIN SAGT, DASS DIE WINDRICHTUNG ZUM ABLEGEN WICHTIG IST!
BORNRIF A'DAM

JA, DU MUSST IMMER GENAU WISSEN, WOHER DER WIND WEHT
GUCK NACH DEINEM STANDER.. ZUM WASSER... ZUM SCHIFF...

DIESER VOGEL IST IN SCHWIERIGKEITEN..
WIND
DER WIRD DA KAUM WEGKOMMEN... DAS IST EIN GANZ GUTES BEISPIEL!

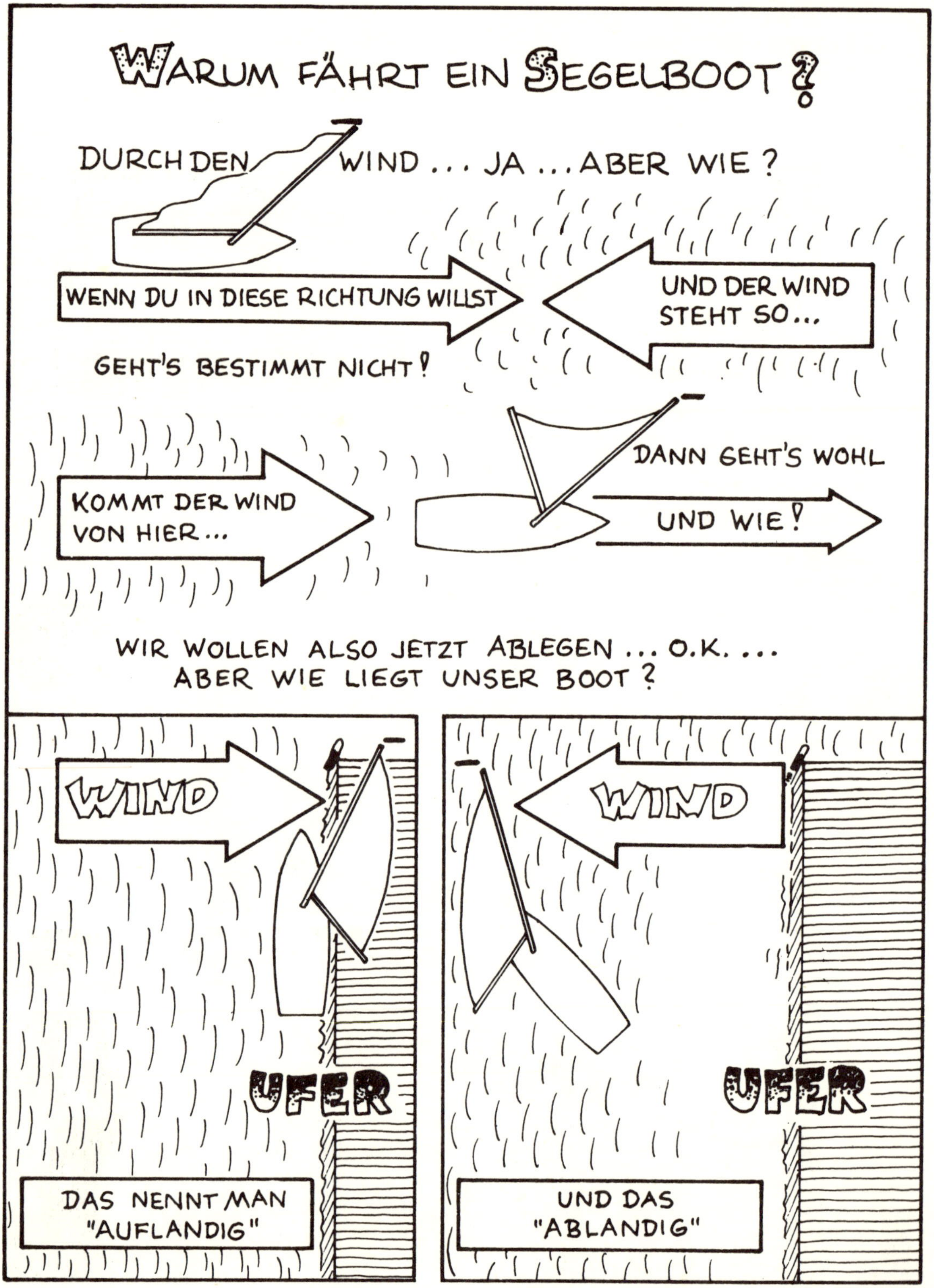
WARUM FÄHRT EIN SEGELBOOT?
DURCH DEN WIND ... JA ... ABER WIE?
WENN DU IN DIESE RICHTUNG WILLST
UND DER WIND STEHT SO...
GEHT'S BESTIMMT NICHT!
KOMMT DER WIND VON HIER...
DANN GEHT'S WOHL
UND WIE!
WIR WOLLEN ALSO JETZT ABLEGEN ... O.K. ...
ABER WIE LIEGT UNSER BOOT?
WIND
UFER
DAS NENNT MAN "AUFLANDIG"
WIND
UFER
UND DAS "ABLANDIG"

UND JETZT EINEN SCHÖNEN PLATZ, UM MAL RICHTIG AUFZUTAKELN UND LOSZUSEGELN?
JA, HEIN, WIR WOLLEN JETZT MAL WEG...
UUUI! DAS ERSTE MAL!
TJA, EINMAL IST'S FÜR JEDEN DAS ERSTE MAL! WENN DU NUN MAL VERHOLEN WOLLTEST, ANS ENDE DES STEGS. MIT DEM BUG GEGEN DEN WIND! DANN LEGST DU AB!
WIND
TAU UM DEN PFAHL UND ZURÜCK: DANN RICHTIG LOSWERFEN...
WIND
DANN ZUERST DAS GROSS-SEGEL HEISSEN!
WARUM NICHT ERST DIE FOCK, HEIN?
WENN DU DIE FOCK ZUERST SETZT, FÄNGT DAS VORSCHIFF ZUERST WIND UND DAS BOOT BEGINNT ZU GIEREN.

AN- UND ABLEGEN

ALSO, EINFACH DAS BOOT LOSMACHEN UND TREIBEN LASSEN, IST DIE EINFACHSTE ART, ABZUFAHREN.
JAN UND ANTJE MACHEN DAS NUN ANDERS (BIS GESTERN WUSSTEN SIE ALLERDINGS AUCH NOCH NICHTS DARÜBER).
ZU ZWEIT GEHTS BESSER ALS ALLEIN, DENN WÄHREND DER EINE LOSMACHT, SITZT DER ANDERE SCHON AN DER PINNE UND BEDIENT DIE SCHOTEN. (AUF DIE SCHOTEN SOLLTE MAN SICH NIE SETZEN, UND VOR ALLEM SOLLTE MAN AUFPASSEN, DASS DA KEINE TÖRNS ODER KNOTEN REINKOMMEN.)
DER VORSCHOTMANN MACHT ALSO DAS BOOT LOS UND BEDIENT DANACH DIE FOCK. DER ANDERE STEUERT UND HÄLT DIE SCHOTEN DES GROSS-SEGELS LOCKER IN DER HAND.
LASST DAS GROSS-SEGEL NUR LOSE IM WIND WEHEN. DER WIND BLÄST IN DIE FOCK UND DAMIT STEUERN WIR DAS BOOT, DAS NUN MIT DEM BUG VOM UFER ABGEDRÜCKT WIRD, GENAU WIE WIR DAS JA AUCH WOLLTEN! NIMMT DAS BOOT NUN EIN BISSCHEN FAHRT AUF, DANN HOLT DAS GROSS-SEGEL LEICHT AN UND...
LOS GEHT'S ...
WIE JETZT ALLES WEITERGEHT, DAS WIRD AUF DEN FOLGENDEN SEITEN GEZEIGT... AUSFÜHRLICH GENUG, WIE WIR HOFFEN.

DAS GROSS-SEGEL IST GESETZT, HEIN
JETZT DIE FOCK ... ABER HOL DIE SCHOTEN ERST DURCH DIE LEITÖSE...
O.K.!
AN JEDER SEITE EINE FOCKSCHOT. BEQUEM!
AUTSCH! DER BLÖDE KASTEN STEHT GENAU IM WEG...
DA HÄNGT DAS SCHWERT DRIN, DU DUSSEL!
EIN FESTER KIEL ODER DIESES AUFHOLBARE SCHWERT SORGEN DAFÜR, DASS DAS BOOT NICHT SEITLICH ABTREIBT.
SCHWERT
WIND
ABTRIFT
DRUCK

DIE FOCK STEHT NUN AUCH. JAN LEGT AB...

DIE LEINE IST MIT EINER "DOPPELTEN BUCHT" UM DEN PFAHL GELEGT. MAN KANN LOSWERFEN, OHNE VON BORD ZU GEHEN.

JETZT KOMMT'S
DAS RUDER WIRKT NUR, WENN DAS WASSER DARAN ENTLANGSTRÖMT ... ALSO WENN DAS BOOT IN FAHRT IST!
WIND
BIS JETZT WIRKT'S NOCH KAUM...

DIE GROSS-SCHOT LOS! SIE DARF AM ACHTERSCHIFF NICHT ZIEHEN, DENN DER BUG MUSS ERST HERUM... DABEI KANNST DU MITHELFEN, INDEM DU DIE FOCK BACK HÄLST...
JETZT GEGEN DEN WIND HALTEN, ANTJE! DEIN RUDER PARALLEL MIT DER FOCK... GEHT DAS BOOT RÜCKWÄRTS... DANN DRÜCKT DAS RUDER DAS ACHTERSCHIFF NACH LINKS.

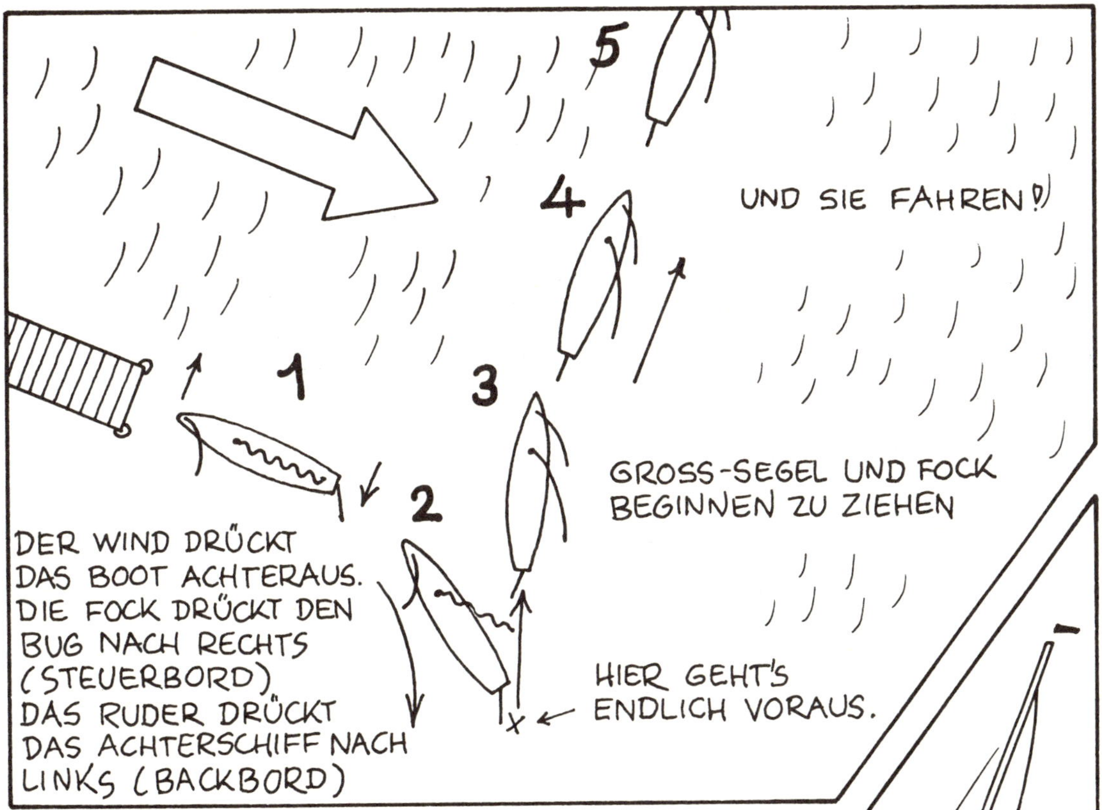
5
4
UND SIE FAHREN!
1
3
2
GROSS-SEGEL UND FOCK BEGINNEN ZU ZIEHEN
DER WIND DRÜCKT DAS BOOT ACHTERAUS. DIE FOCK DRÜCKT DEN BUG NACH RECHTS (STEUERBORD) DAS RUDER DRÜCKT DAS ACHTERSCHIFF NACH LINKS (BACKBORD)
HIER GEHT'S ENDLICH VORAUS.

JAN UND ANTJE SITZEN ALS GEGENGEWICHT GEGEN DEN WINDDRUCK AN DER LUVSEITE, (DAS IST DIE SEITE, VON DER DER WIND KOMMT) MAN SITZT UND SIEHT DORT BESSER ALS AN DER LEESEITE, WO DIE AUSSICHT SCHLECHT IST. ÜBERDIES, WENN WAS PASSIERT, LIEGT MAN DA GLEICH IM WASSER UND DAS SEGEL OBEN-DRAUF. AUSSERDEM: VON DER LEESEITE (DER NIEDRIGEN SEITE) KANN MAN DIE PINNE NICHT GUT BEDIENEN.

HE, JAN! KOMM DOCH MAL ANS UFER! NUR SO, ZUM SPASS!
ANTJE UND JAN WECHSELN HIN UND WIEDER DIE PLÄTZE
NAJA, WARUM NICHT... GUTE ÜBUNG....
FOCKSCHOT LOS!
SCHOT LOS!
WIND
JAN FIERT DIE GROSS-SCHOT ETWAS UND LÄSST DIE FOCKSCHOT GANZ AUFFIEREN...
WIND
HIER IST DAS BOOT AUS-GELAUFEN... GENAU VOR DEM UFER MUSS ES ZUM STILLSTAND KOMMEN...
DA PASST JA NICHT MAL EINE STECKNADEL DAZWISCHEN...SOZUSAGEN...

WIND
DAS BOOT KOMMT GENAU VOR DEM UFER ZUM STILLSTAND... SEHR GUT!
AN LAND, SCHWESTER, MIT DEM MARL-SPIEKER!
JA, MANN, WEISS ICH SELBST...
HOPPLA GUCK MAL, WIE ELEGANT
DIES IST EIN MARL-SPIEKER
HIHI... HOHOHO.. ICH LACH MICH KRANK!
WAS JETZT WIEDER?
DU HAST VERGESSEN, DEN TAMPEN MITZUNEHMEN, SCHÄTZCHEN!
WEIBER! PUUH!

SCHAFFST DU'S ALLEIN? ICH GEB DIR ANWEISUNG!
DAS BLEIBT GLEICH... ABER...
DAS FAHRWASSER MACHT EINE LEICHTE BIEGUNG...
DAS KANN ICH AUCH ALLEIN...
JAN HOLT DIE GROSS-SCHOT LEICHT AN UND STEUERT DAS UFER AN. DIE FOCK LÄSST ER KILLEN... DAS KLAPPERT ZWAR, ABER DAS MACHT NICHTS.
ER KOMMT MIT DEM BUG ANS LAND, ABER DAS UFER IST HIER WEICH...
KLACK-KLACK KLACK-KLACK
HOHO!
NA, SO MUSST DU JA AUCH NICHT GLEICH...
BUMMS
MACHT NICHTS! NUR NACHHER AM STEG MUSST DU AUFPASSEN, DENN DER GIBT NICHT NACH!
ABER, WER LEBT, DER HAT AUCH SORGEN
(CONFUCIUS)
GRINS' NICHT SO DOOF UND NIMM LIEBER DEN TAMPEN!
JA, JA!
SIE DRÜCKT DEN MARLSPIEKER IN DEN GRUND UND BEFESTIGT DIE LEINE DARAN

DAS WAR SCHON GANZ GUT... ICH FAHR' WIEDER MIT DEM RAD, LEUTE! AM STEG SEH' ICH EUCH WIEDER!
DER HAT GUT REDEN...
AUFPASSEN, WAS JETZT GESCHIEHT...
DIE BEIDEN MÜSSEN **AUCH** IN DIESE RICHTUNG... HIHI!
TEUFEL
WIND
MEIN RUDER PARALLEL ZU DER FOCK... WIE AUF SEITE 24
STIMMT NICHT!
OBER... SUPER... MAXIMAL WICHTIG... DIE WINDRICHTUNG!
WIND
SIE SIND VOM UFER WEG...
FOCK BACK HALTEN, DENN WIR MÜSSEN MIT DEM BUG NACH LINKS... PARDON- BACKBORD!

1
2
PRIMA GEHT'S! GENAU WIE AUF SEITE 25!
VERGISS ES, DA FIEL DER WIND ANDERS EIN!
3
DAS BOOT LIEGT JETZT STILL. DAS RUDER MACHT KEINEN MUCKS MEHR!
4
LOS DAS GROSS-SCHOT! LOSER!
GEHT NICHT MEHR! DER GROSSBAUM LIEGT GEGEN DAS WANT!
5
DER WIND FÄLLT INS GROSS-SEGEL UND DAS BOOT LUVT AN!
6
DAS RUDER BREMST NUR
7
DAS BOOT KOMMT ZWAR IN FAHRT, ABER ZU SPÄT...
8
SCHOT LOS JETZT!
JA JA... DIE IST LOSE... ABER SIE SIND ZU NAHE AM UFER
9
BUMMS
DOCH GEGEN DAS UFER... TYPISCH...
10
WIE KANN DAS ANGEH'N, HEIN?
WIE HÄTTEN WIR'S DENN MACHEN SOLLEN?
IMMER MIT DER NASE IN DEN WIND ABFAHREN, DAS IST ES...

DIES IST DAS RICHTIGE MANÖVER GEGEN DEN WIND...
HIER DURCH DEN WIND
FRAGE DES HELLEN LESERS: "WENN DER WIND NUN ABER IM RECHTEN WINKEL VOM UFER KOMMT? SO." ANTWORT: 'DANN STEHT'S FREI, NACH LINKS ODER RECHTS, EGAL!"
PUFF..KEUCH..
SIE LERNEN'S NOCH. DURCH SCHADEN UND SCHÄMEN WERDEN SIE KLÜGER...
BRRR
TUUT!
AUFPASSEN, OPA!
HILFE!

DA STEHT ER JA SCHON WIEDER..
WAS HAST'N DU GEDACHT ?
SIE KOMMEN ZUM AUSGANGSPUNKT ZURÜCK...
WIND
JAN LÄSST DAS BOOT MIT DEM BUG GEGEN DEN WIND AUFSCHIESSEN... DIE SEGEL BREMSEN
AUSGEZEICHNET
AUF DIE GEFAHR, DASS ES LANGWEILIG WIRD, JAN... VERSUCH MAL, LÄNGS DEM STEG ANZULEGEN...
HIER!
WIND
BLEIBT DER ALTE DA?
DURCH DEN WIND!
REE!

GUT SO... HOCH AN DEN WIND... FOCK LOS... FAST KEINE FAHRT MEHR
GUT, LEUTE!
DANKE SEHR!
JETZT NOCH MAL... AUFLANDIGER WIND... DAS SCHWERSTE WAS ES GIBT! DARUM...
WAS HABEN WIR DENN DEM BLOSS GETAN?
DAS IST DOCH ÜBERFLÜSSIG
DU WOLLTEST DOCH UNBEDINGT SEGELN?
HIER!
WIND
PLATT VOR DEM WIND... NOCH IST DAS BOOT HEIL...

WAS MACHST DU DENN, JAN? HEIN STEHT DOCH DA!
WIND
LASS IHN STEHEN ... FERTIG DAS GROSS-SEGEL KLAR ZUM FIEREN?
RICHTIG SO?
GENAU-JA!
GANZ SCHÖN SCHLAU!
SO GEHT'S NOCH SCHNELL GENUG.
GUT SO, HEIN?
NA, UND OB!
NOCH EINE AUFGABE?
NA, WENN DIR SO SEHR DARAN LIEGT!
IHR HABT'S PRIMA GEMACHT. ABER DAS SEGELN VOR DEM WIND WOLLEN WIR DOCH NOCH MAL EXTRA VORNEHMEN.
O.K. JETZT DARF ICH MAL AN DIE PINNE!

SEGELN VOR DEM WIND

VOR DEM WIND SEGELN ERSCHEINT EINFACH, ABER DAS IST ES GAR NICHT!

DENN WENN MAN VOR DEM WIND SEGELT, UND DER KURS ÄNDERT SICH NUR GANZ WENIG, DANN WILL DAS GROSS-SEGEL SOFORT ZUR ANDEREN SEITE SCHLAGEN, UND DAS GEHT IMMER MIT GEWALT VOR SICH!

WER VOR DEM WIND SEGELT, MUSS ALSO STÄNDIG AUFPASSEN, DASS DER WIND PLATT VON ACHTERN KOMMT ODER ETWAS SCHRÄG VON ACHTERN (ABER DANN NICHT VON DER SEITE, AUF DER DAS GROSS-SEGEL STEHT).

WIE ES RICHTIG SEIN SOLL, WERDEN WIR AUF DEN NÄCHSTEN SEITEN ZEIGEN.

SIE SEGELN "VOR DEM WIND"!
WIND
DAS GEHT PRIMA
AAABER
WENN DER WIND DREHT...
WIND
ODER... WENN DAS BOOT DREHT... WIE HIER... DANN KOMMT DER WIND PLÖTZLICH VON DER ANDEREN SEITE INS SEGEL...
WIND
PENG
OOOH!
HA!
EIN EINDRUCKSVOLLES ERLEBNIS, FREUNDE!

WIND
WOHL KAUM EIN SEGLER FREUT SICH ÜBER EINEN SCHLAG MIT DEM GROSSBAUM. DARUM ERKLÄREN WIR JETZT, WIE DAS SCHIFTEN DES GROSS-SEGELS RICHTIG AUSGEFÜHRT WIRD.
ANTJE GEHT MIT SCHLANGENARTIGER BEWEGUNG VON STEUERBORD NACH BACKBORD
B.B. (BACKBORD)
S.B. (STEUERBORD)
UND UNTERDESSEN HÄLT SIE DAS BOOT AUF KURS!
SIE ZIEHT DIE GROSS-SCHOT AN
DIE PINNE UNTER DEN ARM GEKLEMMT...
SIE DRÜCKT DAS SEGEL AUF DIE ANDERE SEITE...
JAN HOLT DIE FOCK NACH STEUERBORD
NUN LÄSST SIE DAS SEGEL NACH S.B. (RECHTS) SCHIESSEN (ABER SCHNELL!)
WIND
MERKE: HALTE DAS ENDE DER SCHOT SEHR FEST... SONST KANNST DU WAS ERLEBEN!

WAS MACHT DENN DER VORSCHOT-MANN BEIM SEGELN VOR DEM WIND
WIND
DIE FOCK MACHT EIGENTLICH NICHTS...
DAS GROSS-SEGEL FÄNGT JA ALLEN WIND AB...
IDEE!
SETZ' SIE MAL AUF DIE ANDERE SEITE!
BLUBB
JETZT STEHT DIE FOCK IN LUV UND ZIEHT GANZ SCHÖN!

HE, DA IST HEIN! WAS RUFT ER? MÜHLE?
BEI DER MÜHLE NEHMT MICH AN BORD! DIE MÜHLE!
NOCH WAS ÜBER DAS SEGELN VOR DEM WIND: MANCHMAL GEHT'S ZIEMLICH SCHNELL ...
DAS BOOT FLIEGT MIT EINER AFFEN-ARTIGEN GESCHWINDIGKEIT AUF DEN SEE ZU

ANLUVEN! SONST GERATET IHR AUF DAS LEE-UFER!
WAS SAGT ER?

WAS ÜBER "LEERES UFER" ODER SO...
HAT VIELLEICHT WAS MIT AUFLANDIGEM WIND ZU TUN? SEITE 33
TYPISCH MANN!

WIND
LUV-UFER: KEINE WELLEN, WASSER OFT SPIEGELGLATT UND WENIG WIND
BEI DIESEM WIND IST DAS UFER BEI DER MÜHLE LUV-UFER UND DA, WO DER BAUER STEHT, IST DAS LEE-UFER. (SIEHE SEITE 20!
LEE-UFER: HOHE WELLEN, VIEL WIND
WART MAL.. DORT MUSS DAS LEE-UFER SEIN! FOCK ZURÜCK NACH STEUER-BORD!
AY AY SIR
HILFE!
?

EINE MÖGLICHKEIT, UM VOM LEE-UFER FREI-ZUKOMMEN:
ABER ANSTRENGEND
EINE ANDERE MÖGLICHKEIT:
SEHR TEUER
HOL DICHT DIE FOCKSCHOT, MENSCH!
SAG!...
ANGENEHM!
DIE LÖSUNG:
AUFPASSEN, DASS MAN NICHT AN'S LEE-UFER GERÄT!

SEGELN AUF ANDEREN KURSEN

DAS LEIDIGE DES "VOR DEM WIND"-SEGELNS IST, DASS ES STETS ZUM LEE-UFER FÜHRT.
UND DAS SOLLTE MAN VERMEIDEN. BEVOR ES DAZU KOMMT, MUSS DER KURS GEÄNDERT WERDEN. DANN HEISST ES: GEGEN DEN WIND ZURÜCKSEGELN.
DAS KLINGT VERRÜCKT, ABER ES GEHT! ALLERDINGS NICHT GENAU GEGEN DEN WIND. WOHL ABER SCHRÄG DAGEGEN AN.
WENN DER WIND SCHRÄG VON VORN KOMMT, SEGELT MAN "AM WIND." DIE SEGEL MÜSSEN DABEI FAST IN LÄNGSRICHTUNG STEHEN!
DER WIND STREICHT DABEI GLEICHSAM AN DEN SEGELN ENTLANG UND ZWISCHEN GROSS-SEGEL UND FOCK HINDURCH. DIE FORM DER SEGEL BEWIRKT DANN DASSELBE, WIE DIE FLÜGEL EINES FLUGZEUGS ODER EINES VOGELS. NUR STEHEN DIE SEGEL SENKRECHT, WÄHREND DIE FLÜGEL DER MÖWE HORIZONTAL STEHEN. ABER DIE WIRKUNG DES WINDES AUF BEIDE IST GENAU GLEICH.

WIND
HEIN
LUV-UFER
LEE-UFER
UM NICHT ANS LEE-UFER ZU GERATEN, LUVT ANTJE ALLMÄHLICH AN, BIS SIE MIT HALBEM WIND SEGELT...

DA MUSS ICH HIN, GENAU GEGEN DEN WIND AN... JETZT... ERSTMAL WEITERSEGELN...

SIE KÖNNEN VIEL HÖHER ANLIEGEN... NAJA... DAS KOMMT NOCH...

DAS BOOT FÄHRT NUN MIT HALBEM WIND, UND DAS IST FÜR DIE MEISTEN BOOTE DER SCHNELLSTE KURS
GANZ SCHÖN SCHNELL JETZT...
UND JETZT? WIR MÜSSEN DOCH ZUR MÜHLE!

WIND
FOCK UND GROSS-SCHOT LEICHT GEFIERT

ES IST ZEIT, DURCH DEN WIND ZU GEHEN
WIR KÖNNEN ERST NOCH AN-LUVEN BIS AM WIND!

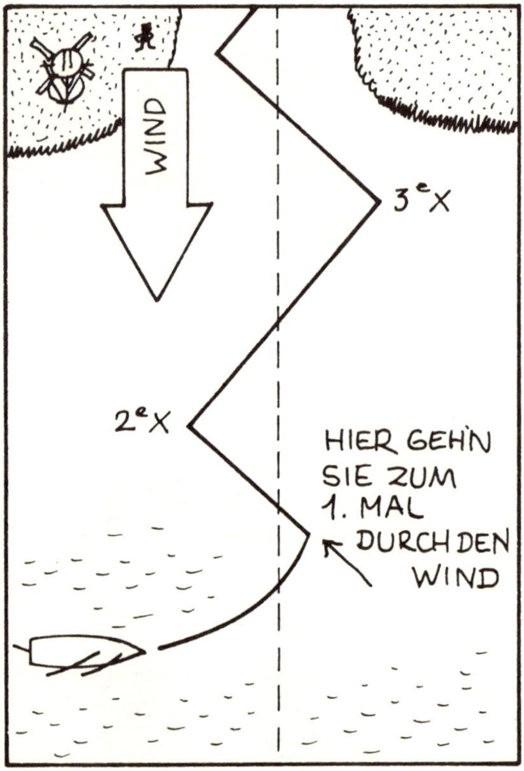
WIND
3^e X
2^e X
HIER GEHN SIE ZUM 1. MAL DURCH DEN WIND

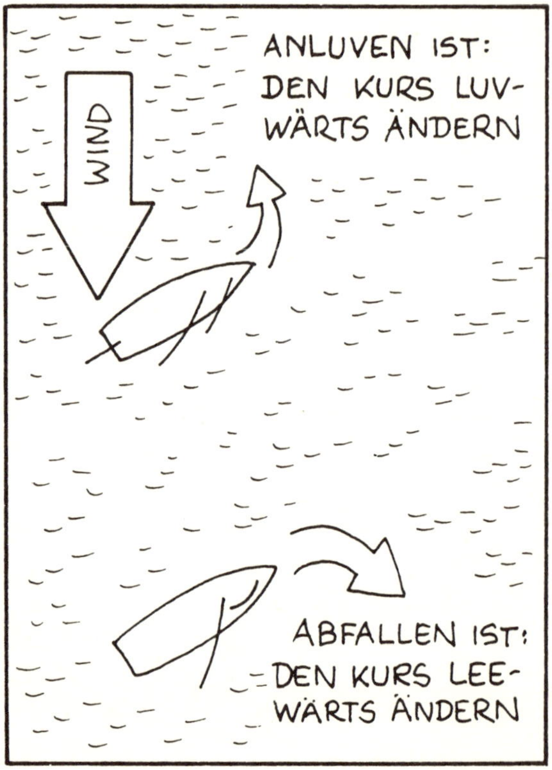
WIND
ANLUVEN IST: DEN KURS LUV-WÄRTS ÄNDERN
ABFALLEN IST: DEN KURS LEE-WÄRTS ÄNDERN

KLAR ZUM WENDEN!
KLAR IST!
REE! LOS DIE FOCK!
REE!
PRIMA...
DER VORSCHOTMANN HAT DIE ANDERE SCHOT GEFASST...
DIE KREUZSCHLÄGE SIND HIER STETS GLEICH
WIND
45°
90°
DAS BOOT FÄHRT STETS IM RECHTEN WINKEL GEGEN DIE WINDRICHTUNG (ETWA 45°)... SO EINFACH IST DAS.

HABEN WIR GANZ GUT HINGEKRIEGT, NICHT ?
SIE SIND SCHON EIN GANZ SCHÖNES ENDE GEGEN DEN WIND GESEGELT. NOCH EINEN SCHLAG, UM ANS ZIEL ZU KOMMEN!
MEINE IDEE
KLAR ZUM WENDEN!
?
HE! WAS IST? WIR SITZEN AUF GRUND!
TJA ... BISSCHEN ZU DICHT AM UFER, KANN JEDEM PASSIEREN ...
HOLT DIE SEGEL RUNTER UND DAS SCHWERT HOCH, ICH ZIEH EUCH ANS UFER

DAS WAR SCHON GANZ GUT, ABER BEVOR IHR JETZT FLUSSAUF KREUZT, WILL ICH EUCH WAS ERKLÄREN...
PRIMA, HEIN!

JA, DAS MUSS WOHL SEIN... AUF SEITE 45 HABEN WIR GESEHEN, DASS DIE KREUZSCHLÄGE STETS GLEICH SIND... ABER NUR, WENN DER KURS GLEICH BLEIBT...
ABER DIESES GEWÄSSER HAT WINDUNGEN... DAS BOOT ÄNDERT DAUERND DEN KURS, UND DESHALB...

SEHT MAL, ICH MEINE DIES: WENN IHR DAS IN DER PRAXIS MACHT, IMMER STUR DIE GLEICHEN KREUZSCHLÄGE... DANN WÄRE DAS FALSCH... DER FLUSS HAT WINDUNGEN... ICH WERD'S MAL AUFZEICHNEN...

WIND
FALSCH

45°
WIND
90°
RICHTIG

ICH MEINE SO: WENN IHR GLAUBT, DASS KREUZEN DASSELBE IST WIE ZICK-ZACK-FAHREN, DANN STIMMT DAS NICHT!
HMM
WER SAGT, DASS ICH DAS DENKE?

IHR MÜSST SO SPARSAM WIE MÖGLICH SEGELN, ALSO NICHTS VERSCHENKEN, AUCH, WENN DER WIND NICHTS KOSTET.
SEHT ...

DAS LINKE BOOT KOMMT ÜBER STEUERBORDBUG AM WIND HEREIN. NACH DEM WENDEN MACHT'S DANN MIST. DANN FÄHRT ES NICHT MEHR AM WIND, SONDERN FAST MIT "HALBEM WIND". UND DAS IST NICHT SPARSAM. ER KANN VIEL HÖHER AM WIND SEGELN UND VIEL WEITER KOMMEN ...

WIND
RICHTIG
DAS BOOT RECHTS FÄHRT SO HOCH WIE EBEN MÖGLICH AM WIND UND BRAUCHT VIEL WENIGER KREUZ-SCHLÄGE. DARUM IST ES AUCH EHER AM ZIEL....

UND SEINE SCHLÄGE SIND NICHT ALLE GLEICH LANG...
NATÜRLICH NICHT; DIE RICHTEN SICH NACH DEM FAHRWASSER, UND DAS HAT BIEGUNGEN.
ALSO, WENN EIN KANAL SCHNUR-GERADE IST...
UND... WENN ES GENAU GEGEN DEN WIND GEHT, DANN SIND ALLE SCHLÄGE GLEICH, JA...

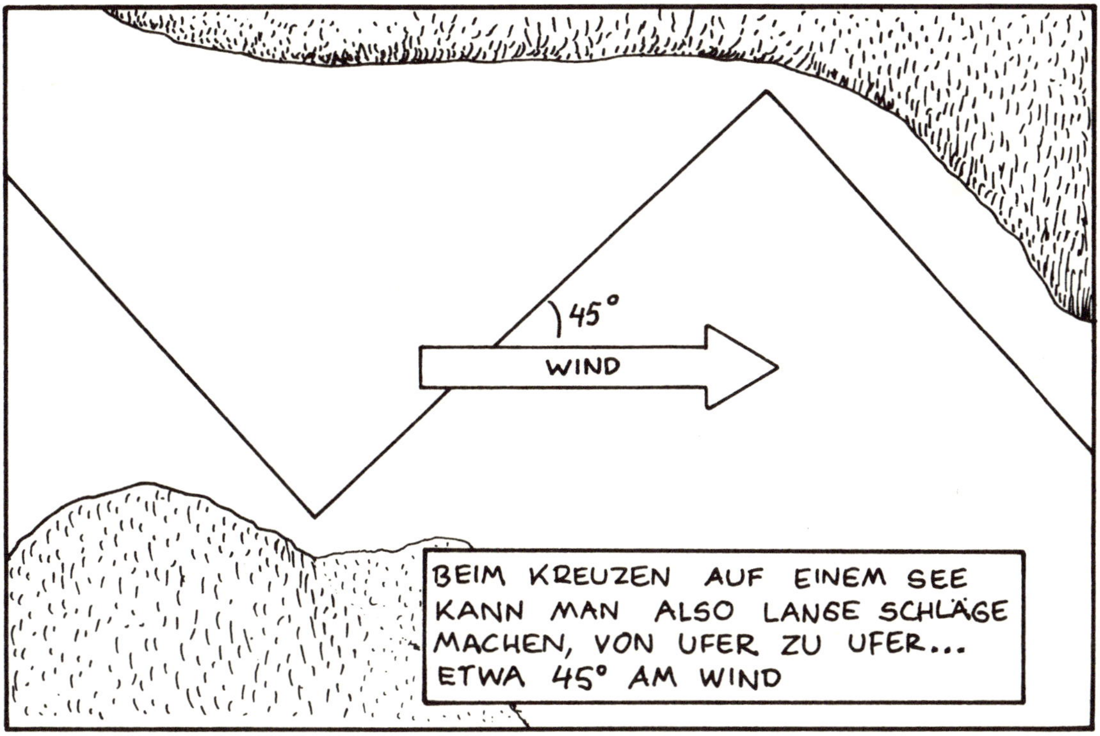
45°
WIND
BEIM KREUZEN AUF EINEM SEE KANN MAN ALSO LANGE SCHLÄGE MACHEN, VON UFER ZU UFER... ETWA 45° AM WIND

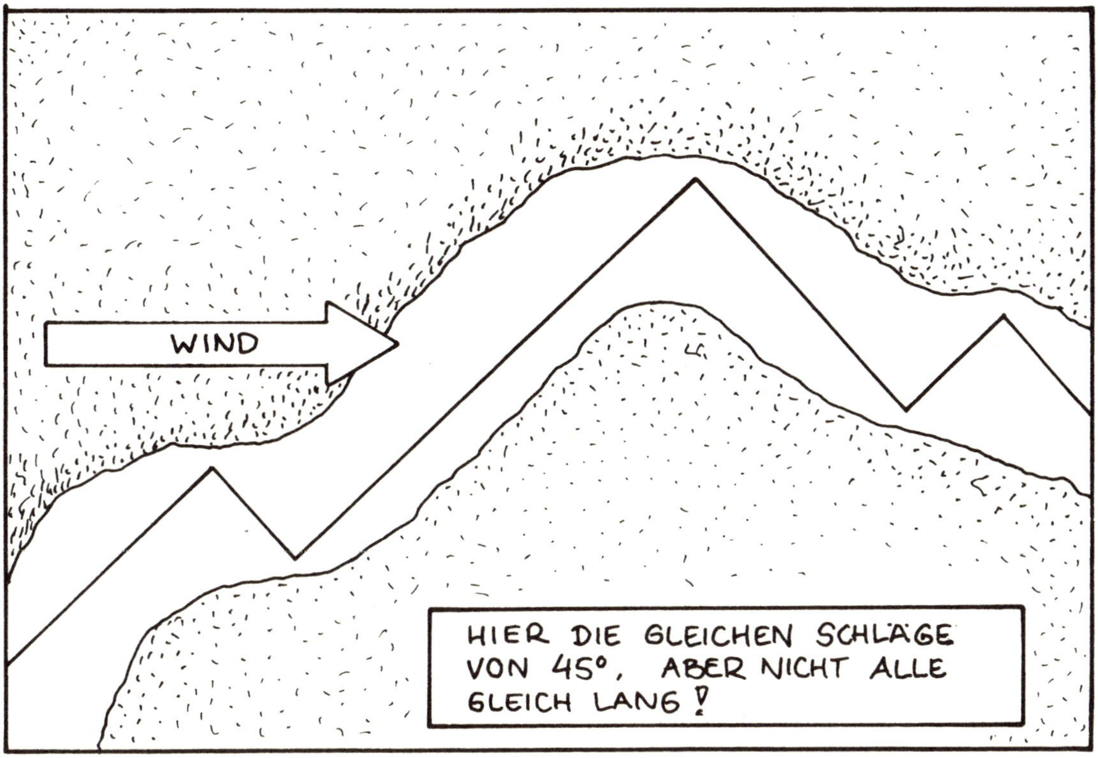
WIND
HIER DIE GLEICHEN SCHLÄGE VON 45°, ABER NICHT ALLE GLEICH LANG!

BIS AN DIE BRÜCKE FAHRE ICH MIT... O.K.?
KLAR, HEIN!
ES IST DOCH SCHON FÜR ZWEI ZU ENG!
JETZT KOMMT DIE PRAXIS! ODER: JETZT WIRD ALLES GANZ ANDERS....
ICH BIN FROH, DASS DU'S SELBST SAGST, HEIN!
5 MINUTEN SPÄTER
DENN DA KOMMT EIN MOTORBOOT... ICH SAG NIX! JAN, KNOBEL'S MAL SELBST AUS!
ABER DALLI! DAS DING KOMMT VERDAMMT SCHNELL!
KRRRR!
DIESEN SCHLAG KÜRZER
WIND

VERKEHRSREGELN

WIE AUF DER STRASSE SO GELTEN AUCH AUF DEM WASSER VERKEHRSREGELN!
EBENSO WIE AUF DER STRASSE HEISST ES AUF DEM WASSER: RECHTS FAHREN!
SPORTBOOTE MÜSSEN SICH ZURÜCKHALTEN UND DEM BERUFSVERKEHR RECHTZEITIG VORRANG LASSEN!
ALLGEMEIN GILT DIE REGEL, DASS DAS SCHIFF MIT VORFAHRT SEINEN KURS UND SEINE GESCHWINDIGKEIT BEIBEHALTEN MUSS.
IM ÜBRIGEN HÄNGT VIELES VOM WIND UND VON ANDEREN UMSTÄNDEN AB. IN DER REGEL HAT DER SEGLER MIT DEM WIND VON STEUERBORD VORFAHRT GEGENÜBER DEM SEGLER MIT WIND VON BACKBORD. ABER BEI EINER BRÜCKENDURCHFAHRT Z.B. KANN DER "VOR-DEM-WIND"-FAHRENDE VORFAHRT HABEN.
BEIM ÜBERHOLEN WEICHT DER ÜBERHOLER AUS, DAS GILT AUCH, WENN EIN SEGELBOOT EIN MOTORBOOT ÜBERHOLT.
ES GIBT EINE GANZE ANZAHL VON VORSCHRIFTEN UND VOR ALLEM VIELE AUSNAHMEN. DAS STEHT ALLES GANZ GENAU IN DER SEESTRASSEN-ORDNUNG, DER SEESCHIFFAHRTSTRASSEN-ORDNUNG, ODER DER BINNENSCHIFFFAHRTSTRASSEN-ORDNUNG. JEDER SEGLER SOLLTE DEN FÜR IHN GELTENDEN TEXT AN BORD HABEN.

GENAU WIE AUF DER STRASSE GELTEN AUF DEM WASSER DIE VERKEHRSREGELN... WIE AUF DER STRASSE: RECHTS FAHREN!

WIR HABEN DEN WIND VON BACKBORD UND WEICHEN NACH RECHTS AUS

MERKT EUCH VOR ALLEM: BERUFSVERKEHR HAT STETS VORRANG VOR DEM SPORTFAHRER
BEI BEGEGNUNGEN MÜSSEN SPORT-MOTORBOOTE SEGLERN AUSWEICHEN
WEIL EIN MOTORBOOT LEICHTER AUSWEICHEN KANN.

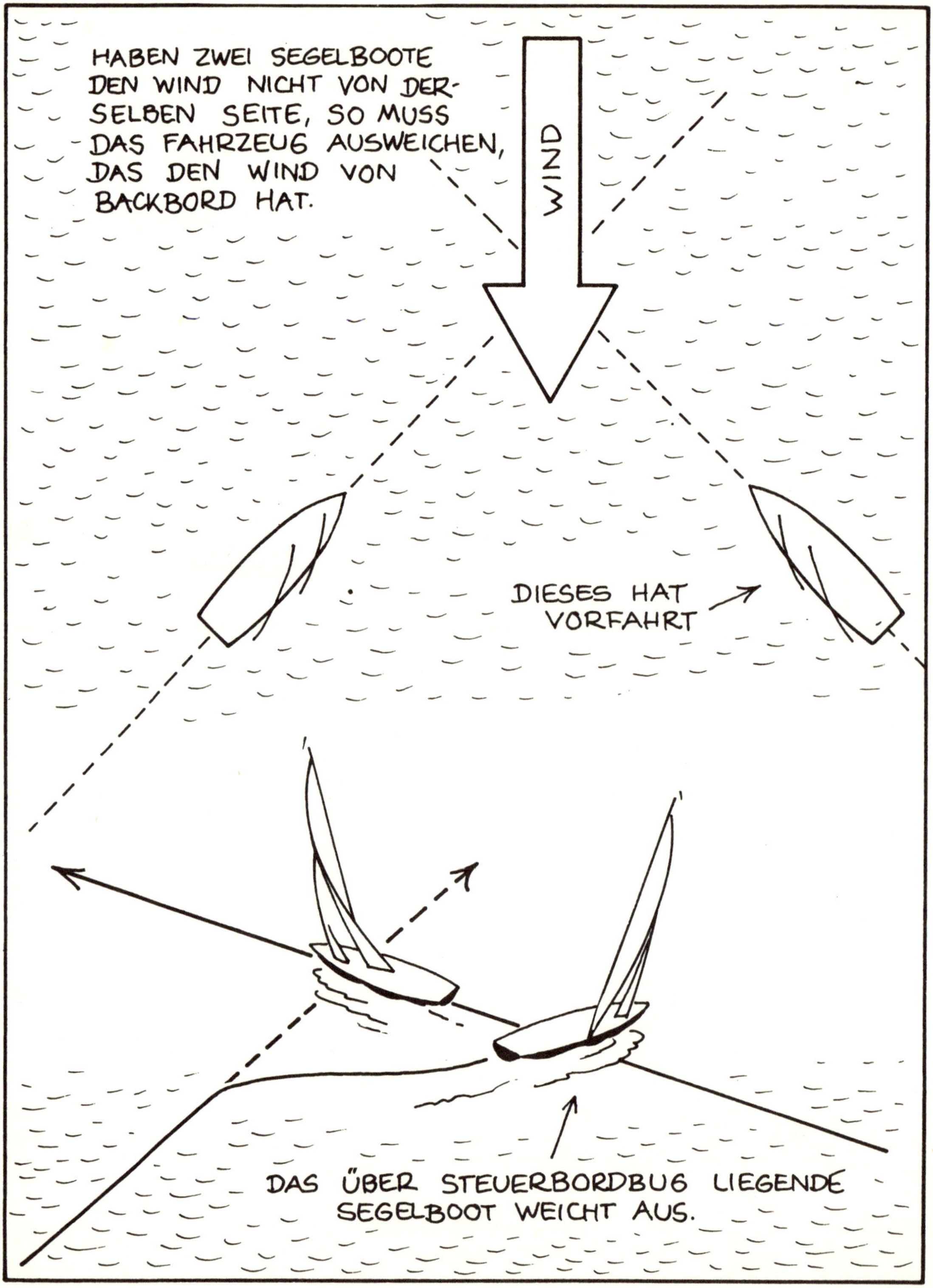
HABEN ZWEI SEGELBOOTE DEN WIND NICHT VON DERSELBEN SEITE, SO MUSS DAS FAHRZEUG AUSWEICHEN, DAS DEN WIND VON BACKBORD HAT.
WIND
DIESES HAT VORFAHRT
DAS ÜBER STEUERBORDBUG LIEGENDE SEGELBOOT WEICHT AUS.

DIE SEGELYACHT LINKS MACHT'S FALSCH, MIT RAUMEM WIND MUSS SIE SICH AN DER RECHTEN SEITE DES FAHRWASSERS HALTEN.
WILL EIN FAHRZEUG DAS FAHRWASSER QUEREN, SO IST ES AUSWEICH-PFLICHTIG.

ÜBERHOLT EIN SEGELBOOT EIN ANDERES, SO GESCHIEHT DIES AM BESTEN IN LUV, DENN AUF DER LEE-SEITE KANN DAS ANDERE SO VIEL WIND WEGNEHMEN, DASS ÜBERHOLEN NICHT MEHR MÖGLICH IST...
FÜR ALLE FAHRZEUGE AUF DEM WASSER GILT DIE REGEL, DASS DER ÜBERHOLER AUSWEICHEN MUSS.

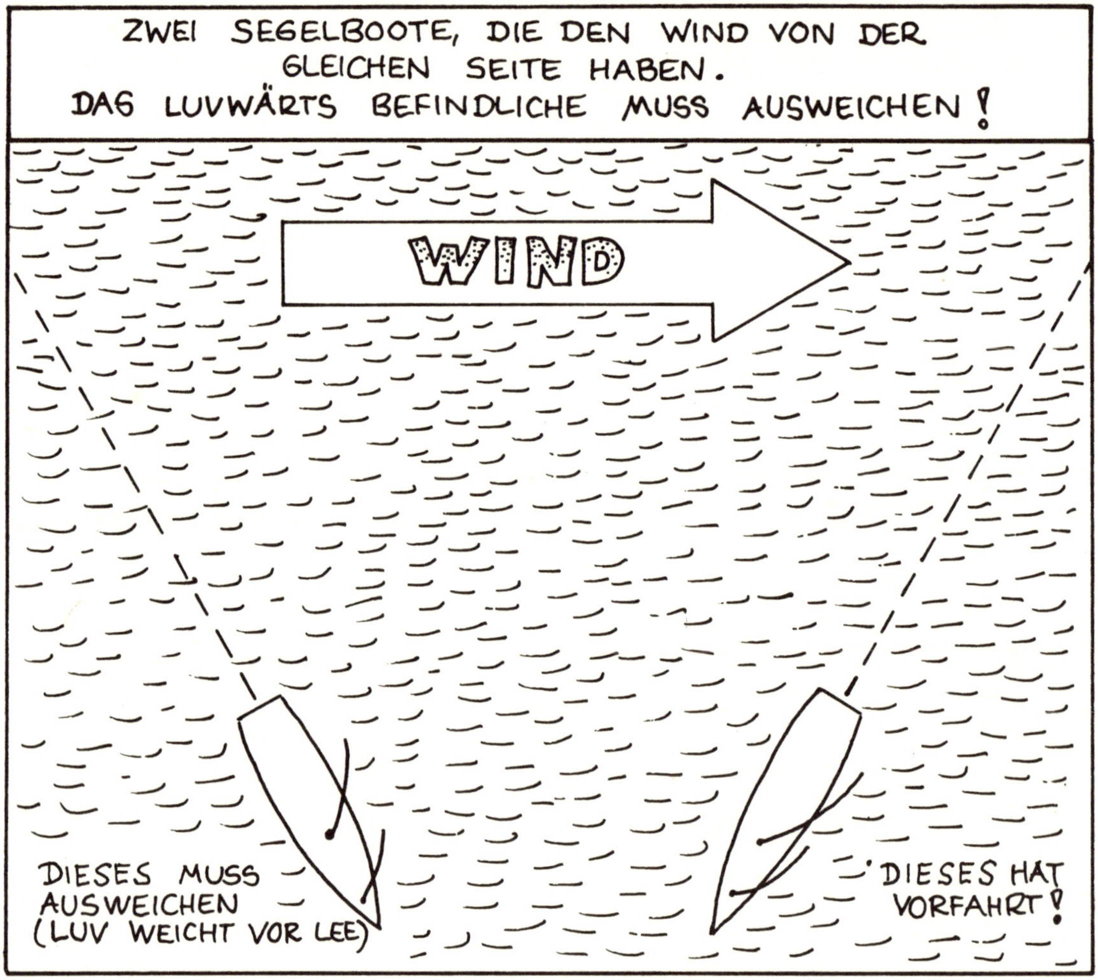
ZWEI SEGELBOOTE, DIE DEN WIND VON DER GLEICHEN SEITE HABEN.
DAS LUVWÄRTS BEFINDLICHE MUSS AUSWEICHEN!
WIND
DIESES MUSS AUSWEICHEN (LUV WEICHT VOR LEE)
DIESES HAT VORFAHRT!

ZWEI BOOTE MIT WIND VON VERSCHIEDENEN SEITEN, DIE LAGE ZUM WIND SPIELT KEINE ROLLE!
DIESES BOOT HAT VORFAHRT
DIESES MUSS AUSWEICHEN
WIND VON STEUERBORD
WIND VON BACKBORD

DONNERWETTER! WO WAREN WIR EIGENTLICH?
AUF SEITE 52, HEIN! JAN MACHTE EINEN KURZEN SCHLAG, WEIL EIN MOTORBOOT KAM, UND DANN HAST DU DIESE GANZEN VERKEHRSREGELN ERKLÄRT!
PASS AUF, JAN! DA KOMMT WIEDER EINS. HE HEIN, DARF DER DAS? DER FÄHRT JA MITTEN IM FAHRWASSER...
DASS MUSS ER WOHL! DAS IST EIN FRACHTSCHIFF... BELADEN. BERUFSVERKEHR HAT SOWIESO IMMER VORRANG. MERK DIR DAS...
UND JETZT?
AB, SCHNELL ANS UFER... DURCH DEN WIND!
SIE HALTEN IHR BOOT SO LANGE MIT DEM BUG GEGEN DEN WIND, BIS DAS FRACHTSCHIFF VORBEI IST.
DER SAUGT UNS JA WEG.
HALT DICH AM UFER FEST!

HOPPLA!
VERDAMMTER MIST!
DAS HATTEN WIR SCHON ... DA IST EINER VOR UNS. DEN ÜBERHOLE ICH...
ALSO DANN, MACH ZU!
HE! PASS AUF! DER GEHT DURCH DEN WIND UND STRECKT NICHT MAL DIE HAND AUS...
ER MUSS DURCH DEN WIND...SONST LÄUFT ER AM UFER AUF!
DIE REGEL HEISST: WER ÜBER BACKBORDBUG LIEGT, HAT VORFAHRT... ALSO ER.....
BACKBORDBUG HAT VORFAHRT
HINTER IHM RUM... LEICHT ABFALLEN
JETZT DURCH DEN WIND...
REE!

JETZT SIND WIR AUF SEINER LUVSEITE. ER IST BEI UNS IN LEE. REGEL: LUV WEICHT LEE!
LUV WEICHT VOR LEE
ER IST IM NACHTEIL. HELFEN WIR IHM!
WIE DENN?
WIR GEBEN IHM RAUM. ER MUSS ÜBER STAG GEHEN KÖNNEN. SCHNELL DURCH DEN WIND!
DIE REGELN SIND DA, UM EINANDER ZU HELFEN. STETS AUFPASSEN, DASS MAN SICH GEGENSEITIG NICHT BEHINDERT!
SOLLTEST DU'S JE VERGESSEN, WERDEN SIE'S DIR SCHON ZEIGEN...

DA IST DIE BRÜCKE SCHON ... ES IST ROT... WIR KÖNNEN NICHT DURCH...
WIE SIEHST DU DAS SO SCHNELL?
AN DEN BEIDEN ROTEN LICHTERN. DAS IST EIN STOPLICHT ZU WASSER
BRÜCKE
WIND
UNSER BOOT
DIE BRÜCKE GEHT HOCH, HEIN. KÖNNEN WIR JETZT?
NEIN! DAS LICHT BLEIBT ROT.
EIN FRACHT-SCHIFF KOMMT DURCH...
TUT TUT
SICHER EIN FREUND VOM BRÜCKENWÄRTER!
DAS FRACHTSCHIFF GIBT ZWEI KURZE HORNTÖNE
HOHO, DU REDEST STUSS!

ZWEI KURZE TÖNE BEDEUTEN: ICH GEHE NACH LINKS
WIR HABEN GERADE EINEN KANAL PASSIERT. DA WILL ER HIN!
UND WENN ER NACH RECHTS WILL?
EIN KURZER TON HEISST: ICH DREHE NACH RECHTS. ZWEI KURZE IST LINKS UND DREI KURZE HEISST: MEINE MASCHINE GEHT ACHTERAUS...
ICH DACHTE, WENN MAN DURCH EINE BRÜCKE WILL...
JA, ABER ZWEI LANGE TÖNE SIND DAS SIGNAL, DASS MAN DURCH DIE BRÜCKE WILL
DA KOMMT NOCH EINER "VOR DEM WIND" DURCH DIE BRÜCKE... DER HAT AUCH VORFAHRT, DENN STOPPEN KANN ER NICHT... KLAR?
JETZT WIRD'S GLEICH GRÜN...
ABER NEIN. EIN BRÜCKENWÄRTER BRAUCHT NUR VIER, FÜNF SCHIFFE DURCHZULASSEN. DANN SCHLIESST ER DIE BRÜCKE UND LÄSST DEN STRASSENVERKEHR WIEDER LAUFEN.

SCHALLSIGNALE

EIN LANGER TON = ACHTUNGSSIGNAL, 4-6 SEK. UND LÄNGER

EIN KURZER TON = ICH WEICHE AUS NACH STEUERBORD

ZWEI KURZE TÖNE = ICH WEICHE AUS NACH BACKBORD

DREI KURZE TÖNE = MEINE MASCHINE GEHT VOLLE KRAFT ACHTERAUS.

EIN LANG, VIER KURZ,
EIN LANG, VIER KURZ = ALLGEMEINES GEFAHR- UND WARNSIGNAL

NATÜRLICH GIBT ES NOCH MEHR ZEICHEN. DIE FINDET MAN IN DER SEESCHIFFAHRTSTRASSEN-ORDNUNG ODER DER BINNENSCHIFFAHRTSTRASSEN-ORDNUNG.

JETZT LÄSST ER DOCH DIE BRÜCKE DIREKT VOR UNSERER NASE RUNTER!
... MISTKERL!
ES IST NIE ALLEN RECHT
NA, ENDLICH...
LASST UNS BEI DEM KLEINEN STEG ANLEGEN. DA DRÜBEN...
FOCK NIEDER!
ICH HAB' IHN
LAUFT IHR EBEN MIT ZUR BRÜCKE?
VRBES
BÜCHER

DÜRFEN WIR MAL IN DEINE BUDE REIN-SEHEN, WILHELM?
ABER JA, HEIN, KOMMT REIN...
TUUUUT TUUUUT
AUGENBLICK
DA KOMMT EINER "PLATT VORM LAKEN"... SEHT'S EUCH AN...
ER FIERT DIE FOCK UND HOLT DEN GROSSHALS AUF, UM DIE FAHRT ZU MINDERN.
GROSS-SEGEL MIT AUFGEHOLTEM HALS
ICH SETZ' IHM JETZT DIE AMPELN GRÜN UND FÜR DIE SCHIFFE AUF DER ANDEREN SEITE ROT... UND FÜR DEN STRASSEN-VERKEHR AUCH... KNOPFDRUCK... SCHRANKEN RUNTER... BRÜCKE HOCH...

WIEVIEL TONNEN?
FÜR WEN SAMMELT ER, HEIN?
DER SCHIFFER ZAHLT BRÜCKENGELD
ZWEI ROT
DIE BRÜCKE SPERRT DEN SCHIFFSVERKEHR WIEDER
SO ... ICH GEH' NACH HAUS, LEUTE
?
UND WENN WIEDER EIN SCHIFF KOMMT?
DANN MUSS ES BIS 4 UHR WARTEN

ICH MUSS ZURÜCK, KINDER, UND IHR AUCH. KANN ICH MIT DIR FAHREN, WILHELM?
NA, KLAR!
JAN UND ANTJE GEHEN AUF'S BOOT ZURÜCK
KAUM WIND HINTERM DEICH...
VORLEINE LOS? FOCK BACK!
WIND
HIER "HALSEN" SIE
"HALSEN" BEDEUTET, DASS SIE DAS HECK DURCH DEN WIND DREHEN UND DIE SEGEL SCHIFTEN.
SOBALD WIR ZURÜCK SIND: ERST ESSEN!
JUCHHU!

BESONDERE MANÖVER

WENN EINER DAS PECH HAT, AUS EUREM BOOT ZU STÜRZEN, WIRD ER ES WOHL SCHÄTZEN, WENN IHR IHN SCHNELLSTENS AUS DEM WASSER HOLT!
DAS IST DAS MANÖVER: "MANN ÜBER BORD"!
ZUR ÜBUNG MÜSST IHR LERNEN, "AUFZUSCHIESSEN", ALSO IN DEN WIND DREHEN, BIS DAS BOOT STEHT ODER RÜCKWÄRTS FÄHRT....
UND WENN IHR LERNEN WOLLT, DAS BOOT RICHTIG IN DEN GRIFF ZU KRIEGEN, DANN MÜSST IHR MAL SEGELN OHNE DAS RUDER ZU GEBRAUCHEN.....

SO, IHR SEELEUTE, HIER BIN ICH. NUN ZEIGT MIR MAL DAS "MANN ÜBER BORD"-MANÖVER
NACH DER MITTAGSPAUSE
KENNST DU DAS, ANTJE?
HEIN HAT'S MIR GANZ GENAU ERKLÄRT
WIRF'S ÜBER BORD!
WIND
PLUMPS
JETZT HALSEN?
JA, SO SAGT ER... PASS AUF!
WIND
HALSEN
WIND
SO SOLL'S SEIN

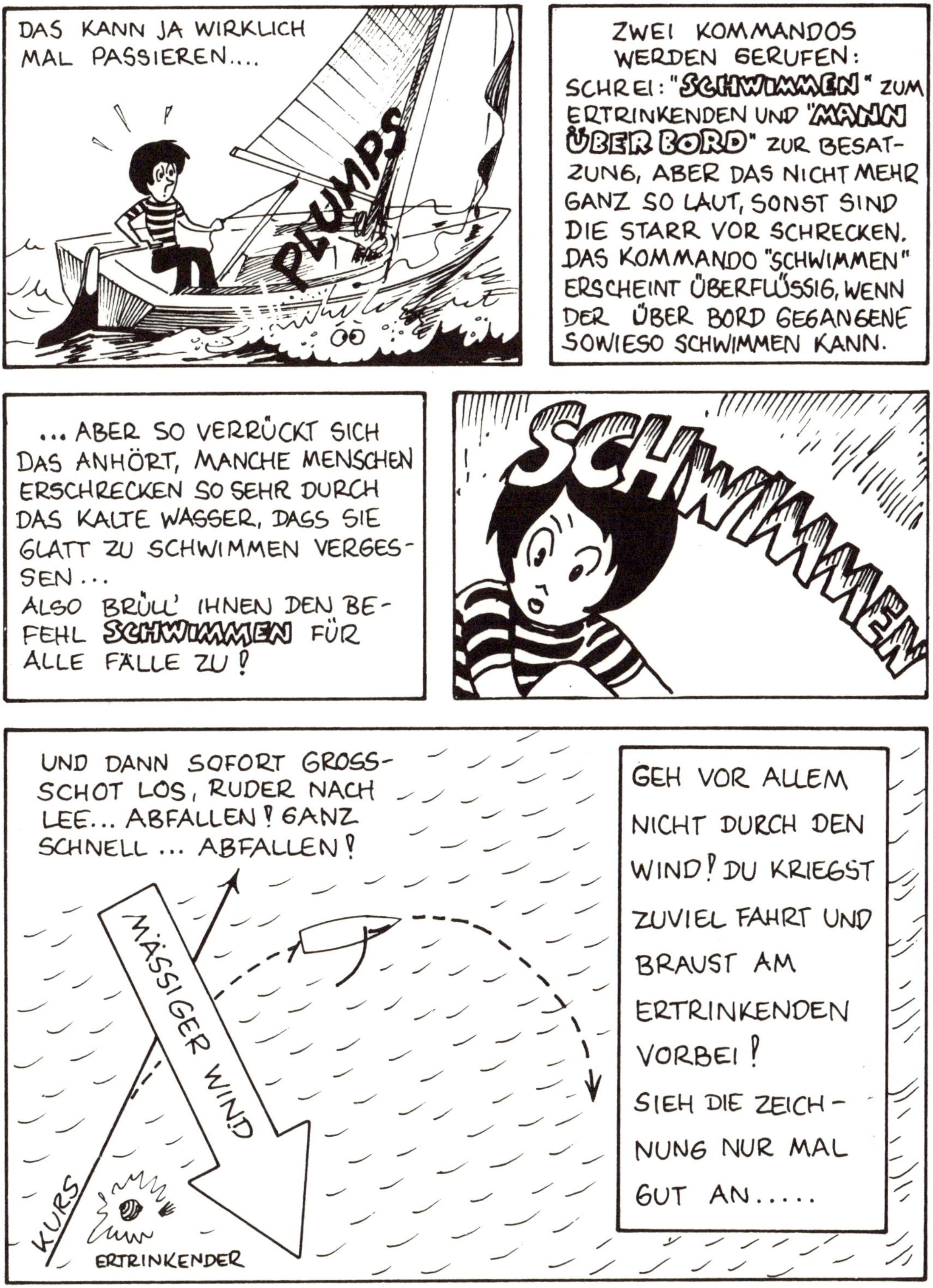
DAS KANN JA WIRKLICH MAL PASSIEREN....
PLUMPS
ZWEI KOMMANDOS WERDEN GERUFEN: SCHREI: "SCHWIMMEN" ZUM ERTRINKENDEN UND "MANN ÜBER BORD" ZUR BESATZUNG, ABER DAS NICHT MEHR GANZ SO LAUT, SONST SIND DIE STARR VOR SCHRECKEN. DAS KOMMANDO "SCHWIMMEN" ERSCHEINT ÜBERFLÜSSIG, WENN DER ÜBER BORD GEGANGENE SOWIESO SCHWIMMEN KANN.
... ABER SO VERRÜCKT SICH DAS ANHÖRT, MANCHE MENSCHEN ERSCHRECKEN SO SEHR DURCH DAS KALTE WASSER, DASS SIE GLATT ZU SCHWIMMEN VERGESSEN ... ALSO BRÜLL' IHNEN DEN BEFEHL SCHWIMMEN FÜR ALLE FÄLLE ZU!
SCHWIMMEN
UND DANN SOFORT GROSSSCHOT LOS, RUDER NACH LEE... ABFALLEN! GANZ SCHNELL ... ABFALLEN!
MÄSSIGER WIND
KURS
ERTRINKENDER
GEH VOR ALLEM NICHT DURCH DEN WIND! DU KRIEGST ZUVIEL FAHRT UND BRAUST AM ERTRINKENDEN VORBEI! SIEH DIE ZEICHNUNG NUR MAL GUT AN.....

WIND
ERTRINKENDER
HIER WIRD GEHALST!
KLATSCH!
UND JETZT IM GROSSEN BOGEN ZUM ERTRINKENDEN
SO GEHT'S, WENN KEIN STARKER WIND IST...
KLETTER ACHTERN AM SPIEGEL HOCH, WENN'S GEHT.

UND WENN STARKER WIND IST... WAS DANN? NUN DIE BEIDEN KOMMANDOS BLEIBEN GLEICH ... UND AUCH DAS FIEREN DER GROSS-SCHOT, ABER DANN GEHT'S ANDERS WEITER....
STARKER WIND
ICH GLAUBE, IHR SOLLTET SCHWIMM-WESTEN TRAGEN...
ERTRINKENDER
HIER ÜBER STAG GEHEN, WENN DER ERTRINKENDE QUERAB IST!
IN DIESEM FALLE BRAUCHT MAN NICHT ZU HALSEN... WAS BEI STARKEM WIND NICHT UNGE-FÄHRLICH IST... ZWAR DAUERT'S ETWAS LÄNGER, ABER ES IST DOCH DIE SICHERSTE ART, HINZUKOMMEN....

ICH HAB'S!
DIESES MANÖVER IST GUT AUSGEFÜHRT ... UND JETZT ...
UND WAS SAGTE HEIN NOCH? MIT DEN SEGELN STEUERN?
ER SAGTE, DASS MAN SOGAR ACHTERAUS FAHREN KANN MIT DER FOCK BACK...
TOLLE SACHE!
UND ICH GEBE ENTGEGENGESETZT RUDER, KLAR?
NEIN, LASS MICH MAL... NIMM DU DIE FOCK...
WIND
JETZT GEHT'S ACHTERAUS...
DU DRÜCKST DIE FOCK UND ICH DAS GROSS-SEGEL GEGEN DEN WIND...
WIND
EINFACH TOLL...
WAS SOLL DAS NUR?

HEIN SAGT, MAN KANN AUCH MIT DEN SEGELN STEUERN... VERSUCHEN ?
KLAR
ICH LASS DAS RUDER LOS...
JETZT WIEDER VORAUS
HE, WIR LUVEN AN !
NATÜRLICH, ICH WERDE DIE FOCK DICHTHOLEN...
SCHNELL!
JAN FIERT DIE GROSS-SCHOT
DAS HILFT...
JETZT FALLEN WIR WIEDER AB... FOCKSCHOT ETWAS FIEREN !
ZU BEFEHL, CHEF !
MIT DEM RUDER GEHT'S JA LEICHTER, ABER SOLCHE SCHERZE MUSS MAN JA WOHL AUCH LERNEN...
JA, DENN HEIN SAGT, NUR SO BEGREIFST DU DAS WIRKEN DER SEGEL, MIT ODER OHNE HILFE DES RUDERS !

WER DAS FAHREN OHNE RUDER ZUM ERSTEN MAL VERSUCHT, WIRD SCHLINGER-KURSE FAHREN.
WER SEIN BOOT SEHR GUT KENNT, WIRD FAST GERADE-AUS SEGELN KÖNNEN...
WEITER SO?
FOCK LOS!
U.S.W.
WAS WOLLEN DIE DENN?
FOCK ANHOLEN
UND WIEDER DASSELBE LIED
FOCK LOS!
IMMER NOCH'N DRÖPCHEN, IMMER NOCH'N DRÖPCHEN, AUS DEM KLEI....
WIND
O.K.!
BEIM ANLUVEN GROSS-SCHOT LOS... FOCK DICHTHOLEN
WIR TUN EINFACH, ALS OB WIR HEIN GAR NICHT MEHR HÖREN!

SO, JETZT HABT IHR WOHL GENUG FÜR HEUTE?
ICH ÜBRIGENS AUCH...
BESTIMMT, HEIN!
GAR KEIN ZWEIFEL, HEIN!
EUER VATER KOMMT EUCH ABHOLEN. ERZÄHLT IHM WAS. ICH KÜMMERE MICH UMS BOOT.
NA, WIE WAR'S, KINDER?
FANTASTISCH, VATI!
GRANDIOS!
...VERSTANDEN!
VATI DANKT HEIN FÜR SEINE MÜHE... UND SIE VERABREDEN NOCH WAS... DIE BEIDEN... WÄHREND JAN UND ANTJE SCHON INS AUTO STEIGEN.....

EINIGE WOCHEN SPÄTER..
FERIEN!
EINSTWEILEN KEINE SCHULE MEHR FÜR MICH!
UND FÜR MICH AUCH NICHT!
SOOOO?
ZWEI NICHT SO TOLLE ZEUGNISSE
UND JETZT KOMMT EIN NEUER STUNDENPLAN: MORGEN GEHT IHR WIEDER ZUR SCHULE... EINE ART GANZTAGSSCHULE... ENDE!
ICH HÖR DIE TOLLSTEN DINGE... MUSS SCHWER ÜBERARBEITET SEIN...
NEEE!

AM NÄCHSTEN MORGEN ...
NOCH GANZ SCHÖN FRÜH ...
WOHIN BRINGST DU UNS, VATI?
IN DIE SCHULE, IHR TAUGENICHTSE!
EINE SEGELSCHULE??!!
DA? AUF DER TJALK?
GENAU
DER SCHULDIREKTOR, WENN ICH VORSTELLEN DARF!
HEIN!

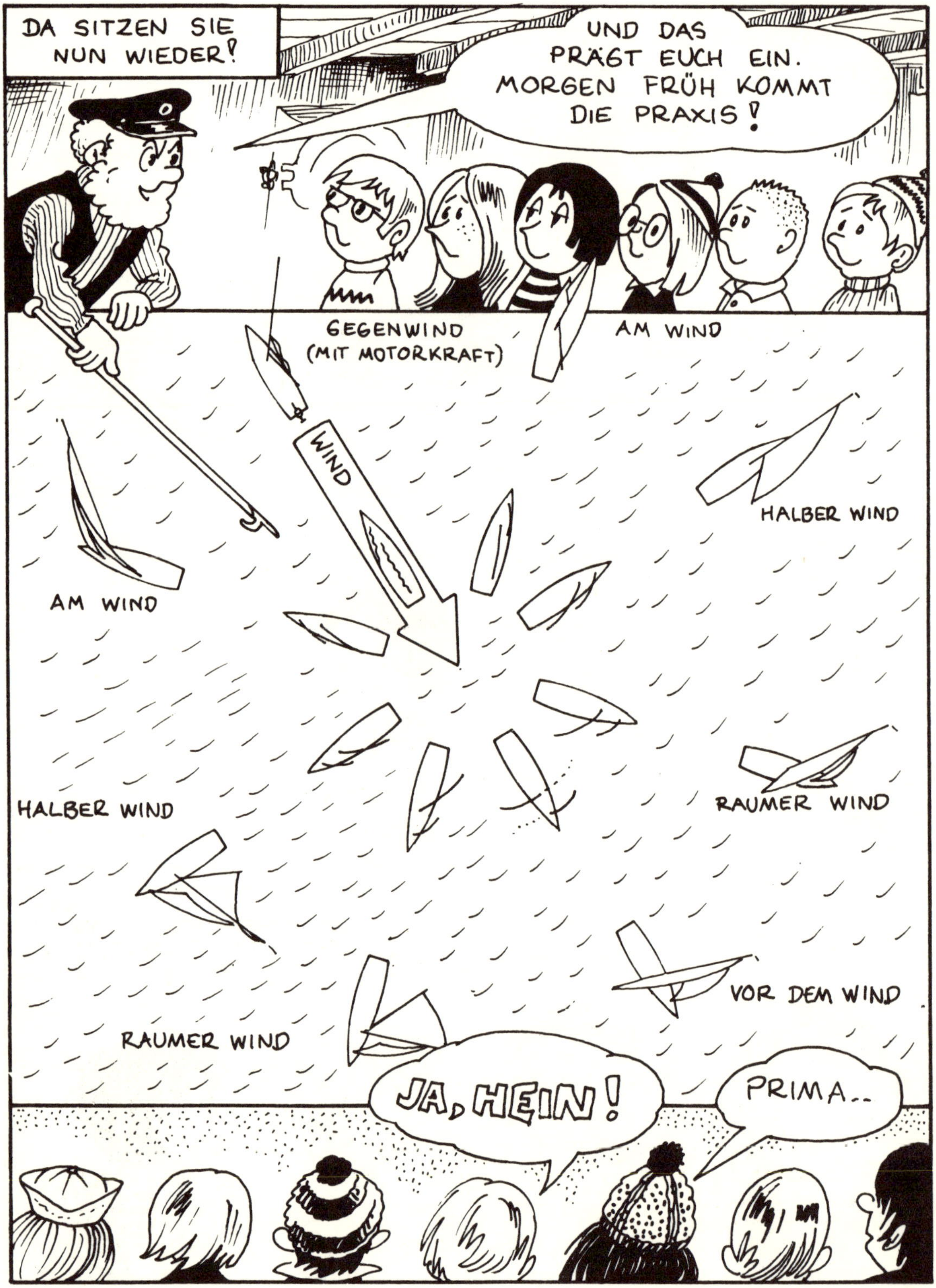
DA SITZEN SIE NUN WIEDER!
UND DAS PRÄGT EUCH EIN. MORGEN FRÜH KOMMT DIE PRAXIS!
GEGENWIND (MIT MOTORKRAFT)
AM WIND
WIND
HALBER WIND
AM WIND
HALBER WIND
RAUMER WIND
VOR DEM WIND
RAUMER WIND
JA, HEIN!
PRIMA..

SEMANNS-KNOTEN

VERBINDUNGEN ZWISCHEN ZWEI TAUEN ODER DIE BEFESTIGUNG EINES TAUES AN EINEM PFAHL ODER RING HEISSEN KNOTEN ODER STEK.
SIE WERDEN SO GELEGT, DASS SIE SICH SELBST FESTZIEHEN, WENN SIE AUF ZUG KOMMEN UND SO, DASS SIE AUCH WIEDER GELÖST WERDEN KÖNNEN, WENN KEIN ZUG MEHR BESTEHT.
WIR BEHANDELN HIER NUR DIE WICHTIGSTEN KNOTEN UND STEKS.

ABENDS IN DER KAJÜTE ....
SO, DA SITZEN WIR WIEDER MAL ... ES WAR EINMAL.. EIN ZWILLINGSPAAR UND DAS MUSSTE HAUSAUFGABEN MACHEN ....
QUATSCH NICHT, MANN, STRECK MAL DEINEN ARM AUS...

HEE!

SIEH AN! DER WEBELEINEN-STEK!

?
UND DAS SIND ZWEI HALBE SCHLÄGE, UM EIN TAU AN EINEM PFAHL ODER RING ZU BEFESTIGEN
UND WIE VERBINDEST DU DEINE LEINE MIT MEINER TROSSE?
SO, HEIN... MIT DEM...ÄÄ... DINGS... STEK...
SCHOTENSTEK, JA... SCHNELL ANZIEHEN, SONST BEKNEIFT ER SICH NICHT...
BESSER HÄLT DER DOPPELTE SCHOTENSTEK, BESONDERS BEI SYNTHETISCHEM TAUWERK.

UND DIESE BEIDEN ENDEN GLEICHER STÄRKE STECKST DU ZUSAMMEN MIT EINEM?... JAN?
KREUZ KNOTEN!
A
B
C
DIES IST DER ACHTKNOTEN DER IST GUT FÜR DEN TAMPEN EINER SCHOT...
DANN KANN SIE NICHT MEHR AUS DEM BLOCK AUSSCHEREN!
UND DAS IST DER EINFACHE PAHLSTEK
DAMIT LEGT MAN EINE LEINE UM EINEN PFAHL

UND NUN IST ES FÜR DICH, LIEBE(R) LESER(IN) AUCH SOWEIT: SO'N STRIP IST GANZ NETT, UM MAL NACHZUSCHLAGEN, ABER ... WENN DU'S VON DER PIKE AUF LERNEN WILLST, DANN GEH' ZU EINER SEGELSCHULE ... ABER EINER RICHTIGEN, DIE AUCH VOM DEUTSCHEN SEGLERVERBAND ANERKANNT IST.
NA, DANN ZIEHT LEINE ... IHR BRAUCHT MICH WOHL JETZT NICHT MEHR!
VIELEN DANK, MEISTER!
TSCHÜSS!
ALLES HAT EBEN EINEN ANFANG UND EIN
ENDE

FACHWÖRTER VERZEICHNIS

ABFALLEN	MIT DEM BOOT VOM WIND WEGDREHEN
ABLANDIG	WIND, DER VOM LAND ZUM WASSER WEHT. GEGENTEIL - AUFLANDIG.
ABTAKELN	DAS ABNEHMEN VON MAST, SEGELN UND TAUEN
ACHTERLIEK	HINTERE KANTE DES SEGELS.
AM WIND	EIN SCHIFF FÄHRT "AM WIND" ODER "BEIM WIND", WENN DIESER SCHRÄG VON VORN KOMMT.
ANLUVEN	MIT EINEM BOOT ZUM WIND HINDREHEN.
ANSCHLAGEN	DAS SEGEL AM MAST, STAG ODER GROSSBAUM BEFESTIGEN
AUFKOMMEN	EIN ANDERES SCHIFF EINHOLEN
AUFLANDIG	WIND, DER VOM WASSER ZUM LAND HIN WEHT. GEGENTEIL - ABLANDIG.
AUFSCHIESSEN	EIN TAU IN DER HAND ODER AUF DECK AUFROLLEN
AUFSCHIESSEN	IN DEN WIND DREHEN, BIS DAS BOOT STEHT. DAS MANÖVER HEISST "AUFSCHIESSER"
AUFTAKELN	DAS BOOT MIT TAKELAGE VERSEHEN
AUGE	EINGESPLEISSTES AUGE AM ENDE EINES TAUS.
BACKBORD	LINKE SEITE DES SCHIFFES - VON ACHTERN GESEHEN
BACK HALTEN	EIN SEGEL GEGEN DEN WIND HALTEN
BACKSTAG	STAG, DAS DEN MAST SCHRÄG NACH ACHTERN STÜTZT
BALLON	BAUCHIGES VORSEGEL FÜR LEICHTE BRISE
BEIM WIND	SIEHE: "AM WIND"
BELEGEN	FESTMACHEN EINES TAUS
BERGEN	~ DER SEGEL. ZUERST WERDEN DIE BEISEGEL NIEDERGEHOLT UND DANN DAS GROSS-SEGEL.

BLOCK	GEHÄUSE AUS HOLZ ODER KUNSTSTOFF MIT EINER ODER MEHREREN ROLLEN, DIE EIN TAU LEITEN, SIEHE SEITE 11.
BUG	DER VORDERE TEIL DES BOOTES
DRIFT, TRIFT	SEITLICHES ABTREIBEN
FALL	TAU ZUM HEISSEN UND FIEREN DES SEGELS
FIEREN	EINEM TAU LOSE GEBEN, EINEN GEGENSTAND AN EINEM TAU HERABLASSEN.
FOCK	DREIECKIGES SEGEL VOR DEM MAST
FREIBORD	HÖHE DER BORDWAND ÜBER WASSER
GAFFEL	RUNDHOLZ, AN DEM DAS OBERLIEK EINES VIERECKIGEN SEGELS BEFESTIGT WIRD.
GROSSBAUM	RUNDHOLZ, AN DEM DAS UNTERLIEK DES GROSS-SEGELS BEFESTIGT WIRD. S. SEITE 13
GROSS-SEGEL	DREI- ODER VIERECKIGES SEGEL, DAS HINTER DEM MAST GEHEISST WIRD.
HALBER SCHLAG	KNOTEN, SIEHE SEITE 83
HALBER WIND	WIND, DER QUER ZUR KURSRICHTUNG WEHT.
HALS	UNTERE VORDERE ECKE EINES SEGELS
HALSEN	KURSÄNDERUNG, BEI DER DAS HECK DURCH DEN WIND DREHT.
HAVARIE	SCHADEN AM BOOT DURCH ZUSAMMENSTOSS, GRUNDBERÜHRUNG U.S.W.
KAJÜTE	WOHNRAUM AUF SCHIFFEN
KENTERN	UMKIPPEN
KIEL	DER UNTERE LÄNGSVERBAND DES BOOTES.
KILLEN	FLATTERN EINES SEGELS, WENN DIE SCHOTEN ZU LOCKER SIND ODER DER WIND ZU VORLIEK IN DAS SEGEL FÄLLT.
KLAMPE	SIEHE SEITE 11.
KLAU	DIE KLAU IST DAS GABELFÖRMIGE VORDERE ENDE VON GAFFEL ODER GROSSBAUM, DAS DEN MAST UMGREIFT.

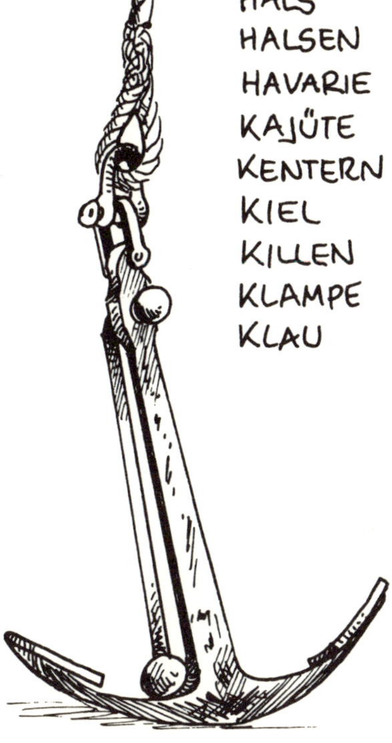

KLÜVER	ZWEITES VORSEGEL, WIRD VOR DER FOCK GEFAHREN
KOJE	BETT AN BORD
KOMBÜSE	KÜCHE AN BORD
KREUZEN	WEHT DER WIND VON VORN, SO MUSS DAS BOOT GEGEN DEN WIND KREUZEN, AUCH LAVIEREN GENANNT.
KREUZKNOTEN	SIEHE SEITE 84
KRIMPEN	ÄNDERUNG DER WINDRICHTUNG ENTGEGEN DEM UHRZEIGER.
LAVIEREN	SIEHE "KREUZEN"
LEE	DEM WIND ABGEWANDTE SEITE DES BOOTES.
LEEGIERIG	NEIGUNG DES BOOTES, NACH LEE ZU DREHEN.
LIEK	KANTE EINES SEGELS, OFT MIT TAU ODER DRAHT EINGEFASST.
LUV	DEM WIND ZUGEWANDTE SEITE DES BOOTES
LUVGIERIG	~ IST EIN BOOT, WENN ES DIE NEIGUNG HAT, IN DEN WIND ZU DREHEN.
MARLEN	ANREIHEN DER SEGEL AN DIE RUNDHÖLZER
MARLLEINE	DÜNNE LEINE ZUM ANREIHEN DER SEGEL AN DIE RUNDHÖLZER, AUCH REIHLEINE GENANNT.
MARLSPIEKER	AUCH MARLPFRIEM GENANNT, DORNARTIGER PFRIEM ZUM SPLEISSEN UND ZUM STECHEN VON LÖCHERN.
NOCK	DAS ENDE EINES RUNDHOLZES
PAHLSTEK	KNOTEN, SIEHE SEITE 84
PINNE	HEBELARM ZUM BEWEGEN DES RUDERS
PÜTZ	EIMER
REFFEN	VERKLEINERN DER SEGELFLÄCHE BEI ZUVIEL WIND.

RUDER, RUDERBLATT	SIEHE SEITE 13
SCHÄKEL	SIEHE SEITE 17
SCHEREN	EIN TAU DURCH AUGE ODER BLOCK LAUFEN LASSEN.
SCHIFTEN	EIN SEGEL WEGEN EINER ÄNDERUNG DES WINDEINFALLS VON EINER SCHIFFSSEITE AUF DIE ANDERE BRINGEN.
SCHLAG	BEIM KREUZEN DIE ZWISCHEN ZWEI WENDEMANÖVERN ZURÜCKGELEGTE STRECKE.
SCHOT	TAU, MIT DEM DIE STELLUNG DES SEGELS KORRIGIERT WIRD.
SCHOTHORN	SIEHE SEITE 14
SCHOTSTEK	KNOTEN, SIEHE SEITE 83
SCHWERT	HOLZ- ODER METALLPLATTE, DIE, UNTER DEM BOOT HERAUSRAGEND, DAS SEITLICHE ABTREIBEN VERHINDERT. S. SEITE 13 u. 23
SCHWERTKASTEN	WASSERDICHTER KASTEN, AUS DEM DAS SCHWERT GEFIERT WERDEN KANN.
SEGELLATTEN	LATTEN, DIE DEM SEGEL EINE BESSERE FORM GEBEN.
SPANTEN	QUER- UND LÄNGSRIPPEN DES BOOTES
SPIEGEL	HECKFLÄCHE EINES BOOTES
SPINNAKER	GROSSES VORSEGEL, DAS BEIM SEGELN VOR DEM WIND AN DER LUVSEITE GESETZT WERDEN KANN.
SPLEISSEN	DAUERHAFTE TAUVERBINDUNG DURCH VERWIRKEN DER FÄDEN BEIDER TAUENDEN INEINANDER.
STAG	DRAHT ZUR ABSTÜTZUNG DES MASTES NACH VORN.
STAGREITER	HAKEN, MIT DENEN DAS VORSEGEL SO AM STAG GEHALTEN WIRD, DASS ES AUF UND NIEDER GLEITEN KANN.

STANDER	SIEHE SEITE 13
STEK	SEEMANNSKNOTEN, SIEHE SEITE 81
STEUERBORD	RECHTE SEITE DES SCHIFFES - VON HINTEN GESEHEN.
STEVEN	VORDER- UND ACHTERSTEVEN, SIEHE SEITE 13
TAKLING	EINIGE WINDUNGEN SEGELGARN AM TAUENDE
TAMPEN	DAS ENDE EINES TAUES
VERHOLEN	EIN BOOT MIT LEINEN AN EINEN ANDEREN PLATZ BRINGEN
VOR DEM WIND	GENAU VON ACHTERN WEHENDER WIND.
WANT	DRAHT, ODER EIN PAAR VON DRÄHTEN, DAS DEN MAST SEITLICH ABSTÜTZT (STEHENDES GUT)
WANTENSPANNER	SPANNSCHRAUBEN, DIE ZUM STEIF-SETZEN VON WANTEN UND STAGEN DIENEN.
WEBELEINSTEK	KNOTEN, SIEHE SEITE 82
WENDEN	KURSÄNDERUNG, BEI DER DER BUG DURCH DEN WIND GEHT; WIRD AUCH "ÜBER STAG GEHEN" GENANNT.

VOM DEUTSCHEN SEGLER-VERBAND ANERKANNTE SEGELSCHULEN:

Deutscher Hochseesportverband „Hansa" e.V.,
Rothenbaumchaussee 58, Postfach 13 02 68,
2000 Hamburg 13, Tel.: 0 40 / 44 11 42 50

Hanseatische Yachtschule, Philosophenweg 1,
2392 Glücksburg / Ostsee, Tel.: 0 46 31 / 5 05,
Fax: 0 46 31 / 34 68

Chiemsee Yachtschule, Harrasserstraße 71,
8210 Prien / Chiemsee, Tel.: 0 80 51 / 17 40,
Fax: 0 80 51 / 6 26 92

Yachtschule Elba, Nahe Portoferraio,
Pension Le Grotte del Paradiso,
I-57037 Portoferraio, Tel.: 00 39-5 65-96 63 29
Fax: 00 39-5 65-93 31 78

Saarländische Yachtschule im Landesverband
Saarländischer Segler e.V.,
Geschäftsstelle: Frau Rech c/o Haus des Sports
Saaruferstraße 16, 6600 Saarbrücken
Tel.: 06 81 / 5 86 03-75, Fax 06 81 / 5 86 03-39

Kölner Yacht-Club e.V.:
Sportseeschifferschule Köln e.V., Wodanstraße 22,
5000 Köln 91, Tel.: 02 21 / 86 53 35

Segelschule Berlin, Willi Thomas, Friederikestr. 24,
1000 Berlin 27, Tel.: 0 30 / 4 31 11 71

Segelschule Havel, G. u. J. Lemke, Alt Pichelsdorf 19c,
1000 Berlin 19, Tel.: 0 30 / 3 02 34 44

Segelschule Hering, Michael Hering, Bielefelder Str. 14
1000 Berlin 31, Tel.: 0 30 / 86 01 01

Sportschifferschule Kaiserdamm, Horst Waller,
Kaiserdamm 95, 1000 Berlin 19, Tel.: 0 30 / 3 02 34 44

Marina Yachtschule, P. Twelkmeyer und H. P. Feiler,
Scharfe Lanke 109, 1000 Berlin 20, Tel.: 0 30 / 3 61 50 66

Yacht- und Navigationsschule Kapt. U. Prüsse, O.-D. Patow,
An der Alster 47 a, 2000 Hamburg 1, Tel. 0 40 / 2 80 31 31

Hamburger Yachtschule, Kurt Bambauer, Schöne Aussicht 20 a,
2000 Hamburg 76, Tel.: 0 40 / 2 20 00 30

Sportschifferschule Hamburg, Kapt. Hans Pieper & Sohn,
An der Alster 1, Atlantic-Stieg,
2000 Hamburg 1, Tel.: 0 40 / 24 75 78

Ostwind Surf- und Segelschule, Birger Rosenbrook,
Gustav-Adolf-Str. 34 b, 2000 Hamburg, Tel.: 0 40 / 6 95 85 58

2322 Hohwacht / Ostsee, Campingpatz Tivoli
Tel. 0 43 81 / 69 80 (Mai bis September)

Segelschule Olympiazentrum Schilksee, Fliegender Holländer 15,
2300 Kiel 17, Tel.: 04 31 / 37 11 63

Gesellschaft für Nautik, Helmut Peter Warnecke, Kanalstr. 41,
2300 Kiel-Holtenau, Tel.: 04 31 / 3 66 09

Sailaway Yachtsport Kiel, Warnecke & Berkner, Kanalstr. 41,
2300 Kiel-Holtenau, Tel.: 04 31 / 3 66 09

Yachtschule Laboe, Rolf G. Wannags, Am Hafen,
2304 Laboe, Tel. 0 43 43 / 16 65

Segelschule Wendtorf, Frank Lochte, Törn 4,
2304 Wendtorf, Tel.: 0 43 43 / 50 09

Segelschule Plön, R. Wiederich, Ascheberger Str. 70,
2320 Plön/Holstein, Tel.: 0 45 22 / 41 11

Segelschule Kapitän Strombeck, Wolfgang Apitz, Gartenstr. 8,
2335 Damp, Tel.: 0 43 52 / 25 18

Segelschule Hornich – Maasholm –, Michael Hornich,
Oeher Ring 112, 2341 Maasholm, Tel.: 0 46 42 / 67 71

Wasserfahrschule Travemünde 1, Ulrich Schött,
Teutendorfer Weg 2, 2400 Travemünde, Tel.: 0 45 02 / 45 04

Segelschule Skipper, E. Löw, Rodenbergstr. 16,
2409 Niendorf, Tel.: 0 45 03 / 37 95

Seesport-Centrum-Scharbeutz / Ostsee, Dieter Hinkfuß,
An der Kammer / Bootsliegeplatz,
2409 Scharbeutz 1, Tel.: 0 45 03 / 61 89 od. 7 37 75

Ratzeburger Segelschule, Manfred Hentschel, Theaterplatz 5,
2418 Ratzeburg, Tel.: 0 45 41 / 31 18 od. 73 77

Segelschule „Blauer Peter", Michael Gutowsky, Yachthafen,
2433 Grömitz, Tel.: 0 45 62 / 71 56 od. 4 59

Segelschule am Binnensee, Axel Malicke, Lütjenburger Weg 71,
2447 Heiligenhafen, Tel.: 0 43 62 / 14 41

Segelschule Heiligenhafen, G. Bennewitz, Markt Nr. 12,
2447 Heiligenhafen, Tel.: 0 43 62 / 22 44 od. 80 70

Segel- und Surfschule Gold, Peter Kremer,
2448 Gold / Fehmarn, Tel.: 0 43 71 / 41 49

Wassersportschule Kühlungsborn, Peter Hoins, Waldstraße
(Campingplatz) O-2565 Kühlungsborn

Petermännchen Segelschule, Herbert Arndt, Krösnitz 44,
O-2785 Schwerin, Tel.: 03 85 / 8 39 88

Hochsee Yachtschule Nordsee, Jürgen Logemann u. Carl
Maywald, Holler Allee 26, 2800 Bremen 1, Tel.: 04 21 / 34 66 50

Segel- und Surfschule Niestrat, Jürgen Schneider,
Im Hasenklee 38, 2844 Hüde am Dümmer See,
Tel.: 0 54 43 / 19 77 od. 18 88

Segelschule Schlick, G. Warmbrunn,
2844 Marl 106, Tel.: 0 54 47 / 4 66

Yachtschule Weser-Elbe-Bremerhaven, Klaus Usner, Dockstr. 13,
2850 Bremerhaven, Tel.: 04 71 / 7 17 17

Yachtschule Wenz, Alexanderstr. 344,
2900 Oldenburg, Tel.: 04 41 / 6 23 03

Segel- und Surfschule Wenz, Yachthafen Eyhausen,
Am Delf, 2903 Bad Zwischenahn, Tel.: 04 43 / 12 34

Segelschule Wangerland, E. Walter, Heinrich-Heine-Ring 95 a,
2940 Wilhelmshaven, Tel.: 0 44 21 / 6 12 28

Spiekerooger Segelschule, Dipl.-Ing. Wolfhart Klasing,
Westend 10, 2941 Spiekeroog, Tel.: 0 49 76 / 2 30

Harle-Yachtschule, Kapt. Manfred Arnold, Von-Röntgen-Str. 12,
2944 Wittmund / Nordsee, Tel.: 0 44 62 / 54 88

Hochsee-Yachtschule Störtebeker, Jan-Holger Borm,
Steintorstraße 9, 3000 Hannover 1, Tel.: 05 11 / 3 68 14 04

Segelschule Maschsee Nord, Hans Gerhardt,
Ricklinger Stadtweg 108, 3000 Hannover 91,
Tel.: 05 11 / 23 11 08 u. 88 49 40

Yachtschule Mardorf, Joachim Gossler, Vehrenheide-Heideweg 2,
3056 Rehburg-Loccum, Tel.: 0 50 37 / 24 68

Segel- und Motor-Sportschule Georg de Vries,
Magdeburger Str. 2, 3257 Springe 1, Tel.: 0 50 41 / 34 62

Sportschule Edersee, H. Rudolph & Co. oHG, Dr.-Mauser-Str. 2,
Postfach 49, 3544 Waldeck 2, Tel.: 0 56 23 / 53 82

Düsseldorfer Yacht- und Surfschule der Volkserholungsstätte
Unterbacher See, Postfach 22 01 47,
4000 Düsseldorf 12, Tel.: 02 11 / 8 99-20 94

Motor- und Segelbootschule Peter Hopmann, Fürstenwall 30 A,
4000 Düsseldorf, Tel.: 02 11 / 39 27 15

Segel- und Motorbootschule, Karin Henrich, Richrather Str. 3,
4010 Hilden, Tel.: 0 21 03 / 5 31 27

Wassersportschule Xantener Nordsee,
Freizeitzentrum Xanten GmbH, Wilfried Meyer, Karthaus 2,
4232 Xanten, Tel.: 0 28 01 / 37-2 99

Yachtschule Seehof, Klaus Mayer, Lanfermannfähre 10,
4300 Essen 15, Tel.: 02 01 / 46 30 80

Yachtschule Nautico – Baldeneysee – W. D. Reichelt,
Am Gerichtshaus 4, 4300 Essen 15, Tel.: 02 01 / 48 78 11

Segel- und Surfschule Riverside, Jutta Stolle, Ruhrstraße 6,
4320 Hattingen

Yachtschule Maritim, A. Buchweitz, Am Stadion 45,
4350 Recklinghausen, Tel.: 0 23 61 / 18 10 86 / 88

Yacht-Schule-Marl, Hans Marx, Mispelweg 22,
4370 Marl, Tel.: 0 23 65 / 8 43 91 und 1 31 84

Overschmidt Yachtschulen – Hauptverwaltung –
Hoppendamm 10, Postfach 88 03, 4400 Münster,
Tel.: 02 51 / 52 30 55, Fax: 02 51 / 5 81 59 u. 53 21 05

Yachtschule Aasee, Kapt. Heinz-Peter Overschmidt,
Anette-Allee 3, 4400 Münster, Tel.: 02 51 / 8 03 03

Yachtschule Dümmersee, F. B. Niklas, Schoddenhof,
2841 Lembruch, Tel.: 0 54 47 / 2 61

Yachtschule Maschsee, Kapt. Bondesen,
Rud.-v.-Benningsen-Ufer 6, 3000 Hannover,
Tel.: 05 11 / 88 23 14

Yachtschule Ibiza, c/o Vistamer, Apartado 16,
Cala Vadella, San Jose, Ibiza, Tel.: 00 34 71 / 34 09 11

Yachtschule Gran Canaria, Costa Rica 9,
Puorto Rico (Mogan), Gran Canaria

Yachtschule Santa Lucia, c/o Hurricane Hole Hotel,
Castries, St. Lucia (Westindien – Hochseestützpunkt)

Segel- und Surfschule Alfsee, Westerfeldstraße,
4555 Rieste, Alfsee GmbH, Lindenstraße 2, 4558 Bersenbrück

Sportseeschiffahrtschule Kapt. H. Bartz, Kronenburgallee 6,
4600 Dortmund, Tel.: 02 31 / 52 79 58

Sportschifferschule Bochum, Friedhelm-Georg Hake,
Hattinger Str. 65, 4630 Bochum 1, Tel.: 02 34 / 30 00 90

ADAC Yachtschule Möhnesee, Ltg. Udo Rahmann,
Brückenstr. 27, 4773 Möhnesee-Körbecke, Tel.: 0 29 24 / 77 44

Segelschule Möhnesee, Gebr. Höcker, Seeuferstr. 33,
4773 Möhnesee-Stockum, Tel.: 0 29 24 / 55 55

Möhnesee-Wassersportschule Körbecke, Franz-Josef Herbst,
Brückenstr. 4, 4773 Möhnesee-Körbecke,
Tel.: 0 29 24 / 15 80 (Büro) 0 29 24 / 58 00 (Bootshaus)

Freizeitschule der Sport-Zentrale, H. Th. Calow, Roonstr. 7,
4800 Bielefeld 1, Tel.: 05 21 / 13 14 05

Dümmersee-Segelschule, Am Museum,
2841 Lembruch, Tel.: 0 54 47 / 4 74

Yachtschule Dreyer, Niederwall 7, 4800 Bielefeld 1,
Tel.: 05 21 / 7 16 21 + 6 45 00, Fax: 0 52 05 / 7 05 35

Segelschule Lippesee, Herr Gottschalk, Barntruper Straße 32,
4930 Detmold

Segelschule Nautica GmbH, Aachener Str. 457,
5000 Köln 41, Tel.: 02 21 / 40 18 19

Sportschiffahrtschule Köln, Charly Wiese, Rhöndorfer Str. 8,
5000 Köln 41, Tel.: 02 21 / 44 94 00

Colonia-Sportschifferschule, Friedrich Leinweber,
Meinerzhager Str. 5, 5000 Köln-Dünnwald 80,
Tel.: 02 21 / 60 30 07

Segelschule Albatros, T. Ennen, Henry-Dunant-Str. 41,
5000 Köln 91, Tel.: 02 21 / 89 52 81

Sportbootschule Hötzer, Werner Hötzer, Am Werth 2,
5090 Leverkusen, Tel.: 0 21 73 / 4 02 40

Yachtschule Martin Nellessen, Franzstraße 107,
5100 Aachen, Tel.: 02 41 / 15 28 71

Yachtschule Dreyer, Volker Dreyer, Gasborn 41,
5100 Aachen, Tel.: 02 41 / 1 48 00

Sport-Boot-Schule am Rursee / Eifel, Schwammenauel,
Friedbert Büchel, Brementhaler-Str. 26,
5169 Heimbach 2 / Eifel, Tel.: 0 24 46 / 33 95

Segel-Schule Krupinski, Klaus Krupinski, Rathausstr. 56,
5210 Troisdorf, Tel.: 0 22 41 / 40 13 37

Segelschule Bruchersee, Jürgen Selbach, Naechtenstr. 23,
5270 Gummersbach / Windhagen,
Tel.: 0 22 61 / 6 56 30 od. 0 22 64 / 62 70

SMS Bonn, Segel- und Motorbootschule Schickenberg GmbH,
Hermann-Josef Schickenberg, Königswinterer Str. 178,
5300 Bonn 3, Tel.: 02 28 / 23 31 32 od. 46 69 50

Bergische Yachtschule, Ulrich Metzlaff, Neuenteich 4,
5600 Wuppertal 1, Tel.: 02 12 / 33 59 70
Segelschule Bevertalsperre, Käfernberg 6,
5609 Hückeswagen, Tel.: 0 21 92 / 21 82

Yachtschule Harkortsee, H. Heinbach, Elberfelder Str. 69,
5800 Hagen, Tel.: 0 23 31 / 3 16 61

Wassersportschule Kemnada GmbH, Querenburger Str. 29
(Luhns Mühle), 5810 Witten-Heven, Tel.: 0 23 02 / 20 12-0

Meinerzhagener Segelschule Listersee, Lore Zeppenfeld,
Windbruch 5, 5882 Meinerzhagen, Tel.: 0 23 58 / 70 54

Segel- und Segelsurfschule Biggesee, Pit Trommel,
Am Sonderner Kopf 3, 5960 Olpe-Sondern / Biggesee,
Tel.: 0 27 61 / 6 51 52, Büro: Tulpenweg 27, 5804 Herdecke,
Tel.: 0 23 30 / 1 36 39, Fax: 12 93 27

COSTA Boot- und Yachtschulen, Stefan Haenelt, Rheingaustr. 83,
6200 Wiesbaden, Tel.: 06 11 / 2 22 56, Fax: 06 11 / 2 27 47
Zweigstelle: Frankfurt 89 (Sossenheim), Tel.: 0 69 / 34 50 80

Yachtschule Costa Nautica, Rudolf Kraut
Yachtschule Ludwigshafen / Rhein, Otto-Dill-Str. 20,
6700 Ludwigshafen, Tel.: 06 12 / 56 37 54
Yachtschule Gießen, Hasenpfad 9
6301 Großen-Linden b. Gießen, Tel.: 0 64 03 / 6 26 90

Yachtschule Otto, Ralf-Peter Otto, Burghalde 32,
7277 Wildberg 5, Tel.: 0 70 54 / 6 50
Yachtschule Otto, Cap Cros 2, Rosas-St. Margarita, Spanien

Segel- und Yachtschule Südwest, Heinrich Krämer,
Bahnhofstr. 44, 7550 Rastatt, Tel.: 0 72 22 / 3 76 55

Yachtschule „Rheinau", Peter Budde, Hornisgrindstr. 85 a,
7597 Rheinau-Memprechtshofen, Tel.: 0 78 44 / 24 11

Bodensee-Segelschule Wallhausen, Ulla Müller,
Zum Wittmoos 10, 7751 Wallhausen, Tel.: 0 75 33 / 7 80

Bodensee-Segelschule Radolfzell, Jürgen Habenicht,
Zeppelinstr. 21, Postfach 1151,
7760 Radolfzell, Tel.: 0 77 32 / 5 43 90

Segelschule Ludwigshafen / Bodensee, Z. Löw, „Schifferstuben",
Hafenstr. 5, 7762 Ludwigshafen, Tel.: 0 77 73 / 12 35

Yacht- und Sportschifferschule Bodensee, Heinz Förster,
Postfach 11, 7765 Bodman, Tel.: 0 77 73 / 56 57

Segelschule Hemmenhofen Bodensee, Hubert Menzel, Uferstr. 7,
7766 Hemmenhofen, Tel.: 0 77 35 / 29 66

Segelschule Sipplingen / Bodensee, W. Korn, Postfach 47,
7767 Sipplingen, Tel.: 0 75 51 / 6 47 77

Segelschule Überlingen, B. Raschewski & Sohn, Zahnstr. 27,
7770 Überlingen, Tel.: 0 75 51 / 47 18 od. 42 47

Yachtschule Kressbronn / Bodensee, S. und R. Trapp,
Postfach 2, 7993 Kressbronn, Tel.: 0 83 82 / 45 62

Bodensee-Segelschule Montfort, Werner Crestani,
Postfach 42 70, 7994 Langenargen, Tel.: 0 75 43 / 20 02

ABC Ausbildungscenter für Segler und Motorbootfahrer GmbH,
Detlef Meyer, Bahnhofplatz 2, 8000 München 2,
Tel.: 0 89 / 55 35 33 od. 55 35 55, Fax: 5 23 46 73

Ausbildungszentrum für Sportschiffer AfS, Ch. Marquardt GmbH,
Dachauer Str. 36-38,
8000 München 2, Tel.: 0 89 / 59 10 33 + 59 81 88

Yachtsportschule München, Günther Hommer, Fasoltstr. 7,
8000 München 19, Tel.: 0 89 / 17 05 21 od. 17 53 31

Segelschule Weiss-Blau, Edmund Hardt, Faberstr. 10,
8000 München 70, Tel.: 0 89 / 7 69 12 26

Kinder-Segelschule Pilsensee, Werner Liebl und Max Trollmann,
Hauptstraße 13 , 8031 Seefeld, Tel.: 0 81 52 / 7 07 56

Sportschiffahrtschule Wörthsee, Peter Gastl, Seestr. 17 a,
8031 Wörthsee, Tel.: 0 81 53 / 76 50

Segelschule Herrsching,R. Busch, Keramikstr. 1,
8036 Herrsching / Ammersee, Tel.: 0 81 52 / 88 38

Segelschule Starnberger See, Kapt. Lorenz Glas, Seeweg 10,
8134 Possenhofen, Tel.: 0 81 57 / 81 00

Segelschule Will, Valentin Will, Osternacher Str. 97,
8210 Prien / Chiemsee, Tel.: 0 80 51 / 7 64

Chiemsee-Yachtschule Gollenshausen, Kapt. H. N. Schunck
8211 Gollenshausen / Chiemsee, Tel.: 0 80 54 / 3 90

Segelschule Gstadt, Christian Heistracher, Seestraße 4,
8211 Gstadt / Chiemsee

Segelschule Punat, Yachtsport-Agentur, G. Heider, Lerchenweg 7
8561 Reichenschwand, Tel.: 0 91 51 / 9 50 48

Fränkische Wassersportschulen, Kapt. Kozlowski,
Lange Zehntstr. 6, 8720 Schweinfurt, Tel.: 0 97 21 / 2 50 40

Ammersee-Segelschule, Heinrich Seidl, Seestr. 28,
8918 Diessen, Tel.: 0 88 07 / 84 15 u. 17 27

Segelschule Marx, Mühlstr. 13,
8919 Utting / Ammersee, Tel.: 0 88 06 / 70 77

Segelschule Ernst, Willi Ernst, Ludwigstr. 11,
8919 Utting / Ammersee, Tel.: 0 88 06 / 76 61

Segelschule Utting / Ammersee, Georg Steinlechner, Seestr. 8,
8919 Utting / Ammersee, Tel.: 0 88 06 / 19 74 od. 76 21

Forggensee-Yachtschule, Kapt. E. Ganahl, Seestr. 10,
8950 Dietringen / Allgäu, Tel.: 0 83 67 / 4 71

Bodensee-Yachtschule Lindau, Christoph Eychmüller,
Schiffserfte 2, 8990 Lindau / Bodensee, Tel.: 0 83 82 / 51 40

Bodensee-Segelschule Wasserburg, Karl Wohlleb, Schulstr. 7,
8992 Wasserburg, Tel.: 0 83 82 / 32 41

Bodensee-Segelschule, Rolf Kuprella, Seestr. 24-26,
8993 Nonnenhorn, Tel.: 0 83 82 / 85 83

G. Barczynski, Lange Str. 61, 0-2060 Waren (Müritz),
Tel. 0 99 93 / 5 13 04 oder 43 45

Segelschule & Charter im Ferienhotel Klink,
Strandpromenade, 0-2065 Klink

See- und Tauchsport-Zentrum Greifswald, Herr Hoppe,
Yachtweg 3, 0-2200 Greifswald, Tel. 0 38 22 / 25 13

Schülerfreizeit-Zentrum Blattwerft / Dänholm
0-2300 Stralsund

Wassersportschule Rügen, Herr Uwe Döring,
Siedlung am Wald 19, 0-2356 Ostseebad Sellin / Rügen,
Tel.: 0 38 27 93 / 2 13

Segelschule Plau (Plauer See), Udo Lemmer + Gerd Mennig,
Seestr.-Postkasten 4, 0-2864 Plau Sail Point-Waren (Müritzsee)

Segelschule Schnatermann, Herr und Frau Grabbert,
Mörikeweg 33, 0-2540 Rostock 40

Nord-Wassersportservice GmbH Schwerin, Herr Krause,
Schelfwerder Buchenweg 19, 0-2756 Schwerin, Tel. 86 14 50

Wassersportzentrum Ralswiek, Werner Krause,
Rügener Ring 50, 0-2355 Saßnitz

Thüringer Wassersport GmbH, Herr Naumann, Postfach 93,
0-5101 Alperstedt, Tel.: Stotternheim 343

AUSLÄNDISCHE SEGELSCHULEN

Segelschule Albarella, Karl H. Erban, Isola di Albarella,
Settima Ovest Nr. 8, Isola di Albarella,
I-45010 Rosolina
Winteradresse: Joh.Seb.-Bach-Str. 51,
6919 Bammental, Tel.: 0 62 23 / 4 76 03

Surf- und Segelschule Nautic Club Riva, Fred Franz,
I-38066 Riva del Garda, Viale Dante 70, Post Box 21,
Tel.: 00 39 / 4 64 / 55 44 40

Segel- und Surfschule Brenzone, Martina Loch, Hotel S. Maria,
I-37010 Brenzone / Gardasee, Tel.: 00 39 / 45 / 7 42 05 55
Deutschland: Grünseestr. 12,
8162 Schliersee, Tel.: 0 80 26 / 74 16 od. 7 13 21

Yachtschule Garda. Peter Noll, Pimazzoni 7,
I-37016 Garda, (VR), Tel. + Fax: 00 39 / 45-7 25 54 43
Deutschland: 8022 Grünwald, Reiterweg 3,

Yachtschule des SC Elba, Joachim Stich, Isola d'Elba,
Magazini I / B, I-57037 Portoferraio, Christian Renner,
Tel.: 00 39 / 5 65 / 96 62 88
Deutschland: Siebenmorgen 19, 5060 Bensberg-Refrath,
Tel.: 0 22 04 / 6 87 03

Segel-Zentrum Elba, Christoph Scheele, Isola d'Elba. Bagnaia,
I-57037 Portoferraio, Tel.: 00 39 / 5 65 / 96 10 90
Deutschland: Suerther Haupstr. 212, 5000 Köln 50,
Tel.: 0 22 36 / 6 55 05

Segelschule Procchio – Insel Elba – Günter Helm, Isola d'Elba,
La Capanna, I-57030 Procchio / Li., Tel.: 00 39 / 5 65/90 78 38
Deutschland: Bärbel Wildt, Peter-Büscher-Str. 4 a,
4400 Münster, Tel.: 02 51 / 61 93 58

Sail & Surf Pollensa, Segel- und Surfcentrum, Gottfried Möller,
Paseo Saralegui, E-Puerto de Pollensa / Mallorca,
Tel.: 00 34 71 / 86 53 46, Fax: 00 34 71 / 86 59 53

Segelschule Sail Slano, Hans-Christian Ross, Hotel Admiral,
YU-50232 Slano
p.Adr. Baltic Yachtservice, Buschblick 25,
2300 Kiel 17, Tel.: 04 31 / 3 90 95

Segelschule Rovinj-Rote Insel, Lois Jöchl, Hotel Istra, Crveniotok,
YU-52210 Rovinj
p.Adr. Baltic Yachtservice, Buschblick 25,
2300 Kiel 17, Tel.: 04 31 / 3 90 95

Auskünfte erteilt: Deutscher Segler-Verband, Gründgensstr. 18,
2000 Hamburg 60, Telefon: 0 40 / 6 32 00 90